J. Rosenthal

Bier und Branntwein und ihre Bedeutung für die Volksgesundheit

bremen university press

J. Rosenthal

Bier und Branntwein und ihre Bedeutung für die Volksgesundheit

ISBN/EAN: 9783955622787

Auflage: 1

Erscheinungsjahr: 2013

Erscheinungsort: Bremen, Deutschland

bremen
university
press

Bier und Branntwein

und ihre Bedeutung

für die

Volksgesundheit.

Von

Dr. J. Rosenthal

o. ö. Professor der Physiologie u. der Gesundheitspflege a. d. Universität Erlangen

Zweite, verbesserte Auflage.

Salus publica suprema lex esto.

Berlin

Robert Oppenheim (Gustav Schmidt)

1893

Vorwort zur zweiten Auflage.

Als im Jahre 1881 dem Reichstage eine Vorlage wegen Erhöhung der Brausteuer im Gebiete der norddeutschen Brausteuergemeinschaft wiederholt vorgelegt wurde, sah ich mich veranlasst, auf die Gefahren hinzuweisen, welche durch eine solche Mafsregel der Volksgesundheit erwachsen müssen. Dieses Schriftchen lege ich hiermit in verbesserter Form der abermaligen Prüfung aller derer, welche es angeht, vor. Die Erfahrungen, die seit jener Zeit gemacht werden konnten, haben meines Erachtens die Schlüsse, welche ich aus wohlbegründeten Thatsachen der Wissenschaft gezogen habe, vollkommen bestätigt. Um so mehr halte ich es für eine patriotische Pflicht des um das Volkswohl besorgten Sachverständigen, seine warnende Stimme zu erheben, wenn von neuem Vorschläge gemacht werden, welche er für verderblich halten muss.

Die Gründe, welche gegen eine Erhöhung der Brausteuer sprechen, sind mannichfacher Art. Ich habe mich streng daran gehalten, die Frage nur vom hygienischen Standpunkt aus zu behandeln. Wenn die Folgerungen, zu denen ich gelange, zusammenfallen mit den Forderungen, welche Andere vom Standpunkt ihrer gewerblichen Interessen aus erheben, so ist das für mich vollkommen gleichgiltig. Ich habe nur das eine Ziel im Auge, zu untersuchen, was der gesamten Bevölkerung gesundheitlich schaden oder nützen kann. Den berufenen Gesetzgebern liegt es ob, alle in Frage kommenden Interessen zu berücksichtigen und darnach ihre Entscheidung zu treffen. Die zur Prüfung dieser Interessen notwendigen Grundlagen zu vervollständigen, ist der einzige Zweck dieses Schriftchens.

Erlangen, im Dezember 1892.

J. Rosenthal.

Inhalt.

1. Einleitung.

Die öffentliche Hygiene ist ein Teil der Sozialwissenschaft. Wenn auch zur Erörterung hygienischer Fragen in erster Linie medizinische und insbesondere physiologische Fachkenntnisse erforderlich sind, so ist doch bei vielen dieselbe Methode der Untersuchung in Anwendung zu bringen wie bei der Erörterung sozialpolitischer Aufgaben. Welchen Einfluss Luft, Boden, Trinkwasser u. d. g. auf die Gesundheit haben, lässt sich fast rein auf naturwissenschaftlichem Wege erforschen. Bei der Untersuchung des Einflusses der Wohnungen, der Ernährung, der Beleuchtung dagegen kommen verwickelte sozialpolitische Beziehungen in Betracht, unter denen auch die Besteuerung eine wichtige Rolle spielt. Der Hygieniker kann sich deshalb der Besprechung von Steuerfragen nicht entziehen.

In jedem Lande, auch dem wohlhabendsten, giebt es immer eine grofse Zahl von Menschen, welche eben nur imstande sind, sich die zum Leben notwendigen Bedürfnisse mit Mühe zu erringen. Werden diese auch von direkten Steuern gänzlich frei gelassen, so werden sie doch von indirekten Steuern, welche notwendige Lebensbedürfnisse verteuern, auf das härteste betroffen. Ob ein Mensch wegen Mangel an Sauerstoff oder wegen ungenügender Zufuhr von Eiweifskörpern erkrankt, das ist hygienisch gleich wichtig. Hygienische Gesichtspunkte sollten also bei der Ausgestaltung des Steuersystems eines Landes ebensosehr berücksichtigt werden wie die rein finanziellen oder wie die Rücksicht auf die wahren oder vermeintlichen Interessen gewisser Erwerbs-Kreise.

Seit dem Ende der siebziger Jahre hat das Steuersystem des Deutschen Reichs eine Entwickelung genommen, welche vom hygienischen Standpunkte tief beklagt werden muss. Ich glaube kaum, dass hygienische Gesichtspunkte bei denen, welche unsere Staatsangelegenheiten leiten, hinsichtlich der Entwerfung von Steuerprojekten zur Geltung kommen, habe auch nicht gehört, dass die fachmännischen Sachverständigen des seitdem begründeten Reichsgesundheitsamtes zu Rate gezogen worden seien. Aber dem Hygieniker, welcher ja nur das Beste des Volks von seinem Standpunkte aus anstrebt, muss es wohl gestattet sein, auch ungefragt seine Stimme zu erheben und sein Gutachten abzugeben. Kann er auch nicht erwarten, seinen Vorstellungen sofort Eingang zu verschaffen, so werden doch seine Erörterungen immerhin etwas zur Aufklärung des Sachverhalts beitragen. In den Diskussionen der Parlamente kommen solche fachmännische Gesichtspunkte immer am wenigsten zur Geltung. Selbst wenn ein Fachmann das Wort nimmt, kann er unmöglich den Gegenstand wissenschaftlich erschöpfen. Seine Ausführungen bleiben notwendig lückenhaft, werden häufig missverstanden. Der Laie wiederum, der es versucht, sich auf dem hygienischen Gebiet zu unterrichten, findet nicht immer gleich das nötige Material in der passenden, seinen Zwecken dienenden Form. So kann es nicht Wunder nehmen, wenn bei den betreffenden Verhandlungen Wahres, Falsches und Halbwahres in regelloser Mischung zu Tage gefördert wird und wenn oft der Gegenstand am Schluss der Diskussion noch ebenso unklar oder noch verworrener ist als beim Beginn. Vielleicht also kommt diesem oder jenem, der sich für die vorliegende Frage interessiert, eine wissenschaftliche Auseinandersetzung der Prinzipien gelegen.

Ich will an dieser Stelle nicht weiter untersuchen, wie weit die gesamte jetzige Steuerpolitik den Forderungen entspricht, welche vom hygienischen Standpunkte aufzustellen sind. Eine solche Erörterung wäre zur Zeit ohne praktischen Zweck, und wenn auch der Vertreter der Wissenschaft jederzeit für sich das Recht in Anspruch nehmen darf, mit der Fackel der fachwissenschaftlichen Kritik bestehende Gesetze, alte wie neue, zu beleuchten, und unter Umständen ihre Änderung zu verlangen (denn eine Wissenschaft, vor allen eine so unmittelbar mit dem öffentlichen Wohl zusammenhängende wie die Hygiene, lässt sich nicht in den Studierstuben gefangen halten), so wird doch andrerseits jeder selbst zu entscheiden haben, wann er mit einer bestimmten Frage hervorzutreten für angemessen hält oder halten will. Mein gegenwärtiger Zweck ist nur, die Frage nach der Erhöhung der Braumalzsteuer vom hygienischen Standpunkte aus zu besprechen und ihren Zusammenhang mit dem Gesetzentwurf zur Bekämpfung der Trunksucht hervorzuheben. Ich werde mich dabei bemühen, die Frage an der Hand wissenschaftlich festgestellter Thatsachen ganz objektiv zu behandeln. Zwar weifs ich sehr wohl, dass es heutzutage vielfach gebräuchlich ist, auf die Ergebnisse wissenschaftlicher Forschung von oben herab zu sehen und ihnen jeden Wert für die „Praxis" abzusprechen. Aber, was ich vorzubringen habe, redet doch laut und eindringlich genug, um sich auch widerwilligen Ohren vernehmbar zu machen.

Die Grundlagen, auf die ich mich stütze, gehören zu den von allen Fachleuten anerkannten, einen festen Bestand der Wissenschaft bildenden Lehrsätzen. Ich habe sie, da ich für Nichtfachmänner schreibe, in kurzer, möglichst klarer Zusammenfassung meinen Erörterungen vorausgeschickt, wobei ich mich allen gelehrten Apparats, wie der Citate u. d. g. enthalten habe. Diese Thatsachen werden auch wohl, da sie längst bekannt und festgestellt sind, den meisten, vielleicht allen meiner Leser zum grofsen Teil nicht neu sein. Um so eher werden diese imstande sein, mich in den Schlussfolgerungen, die ich aus jenen Thatsachen ziehen werde, zu kontrolieren. Soweit solche Folgerungen über das Gebiet meiner Fachwissenschaft hinaus greifen auf rein politisch-soziale Betrachtungen, biete ich sie dem Leser mit aller geziemenden Bescheidenheit dar. Ich will sagen, was ich für recht halte. Wo ich irre, nehme ich gern Belehrung an. Ich werde mich deshalb nach dieser Richtung hin möglichst beschränken und auf die Erörterung mancher, selbst sehr naheliegender Fragen, die nicht rein hygienischer Natur sind, lieber nicht eingehen. Auch was ich Positives als Mittel zur Bekämpfung der Trunksucht vorzubringen habe, soll sich deswegen auf kurze Andeutungen beschränken. Leider können wir nach meiner Überzeugung zur Linderung des Übels wenig thun. Um so wichtiger aber scheint es mir, nicht durch falsche Mafsregeln dasselbe zu verschlimmern. Denn es ist eine zwar sehr betrübende, aber leider nicht wegzuleugnende Thatsache, dass es bei der Bekämpfung sozialer Übelstände, hygienischer wie andrer, sehr schwer ist, durch Eingreifen in das verwickelte Getriebe der menschlichen Gesellschaft Gutes zu leisten, aber sehr leicht, durch unüberlegte, wenn auch noch so wohlgemeinte Mafsregeln unendlichen Schaden zu stiften. Wer dieses Glaubensbekenntnis mit der Bezeichnung des „Laissez faire, laissez aller-Systems“ und einem verächtlichen Achselzucken für abgethan erklären will, der mag es immerhin thun. Er mag aber auch bedenken, dass er für seine Mafsnahmen die volle Verantwortlichkeit zu übernehmen hat, was doch mindestens voraussetzt, dass er sich vorher die Konsequenzen seiner Eingriffe vollkommen klar machen und von dem, was wissenschaftliche Erfahrung in dieser Hinsicht festgestellt hat, Kenntnis nehmen muss.

---

2. Die Grundsätze der Ernährungslehre.

Das Leben des Menschen wie jedes Tieres beruht auf einem fortwährenden Oxydationsprozess. Der Leib besteht aus einer Anzahl von Geweben, welche trotz aller Mannigfaltigkeit in ihrer chemischen Zusammensetzung doch alle fast völlig übereinstimmen. Kohlenstoff, Stickstoff, Sauerstoff und Wasserstoff sind die Grundelemente, aus denen sich alle diese Gewebe aufbauen. Schwefel und Phosphor kommen daneben in sehr geringen Mengen vor, einige Gewebe enthalten auch etwas Eisen. Die Flüssigkeiten, welche alle Gewebe durchtränken und umspülen, bestehen zum gröfsten Teil aus Wasser, in welchem neben organischen Stoffen auch anorganische, namentlich Kali- und Phosphorsäureverbindungen, aufgelöst sind.

So lange das Leben besteht, nimmt der Organismus fortwährend Sauerstoff aus der umgebenden Luft auf, und dieser verbindet sich mit den Gewebsbestandteilen und mit den organischen Stoffen, welche in den Gewebsflüssigkeiten gelöst sind. Aus dieser Verbindung (Oxydation — langsame Verbrennung) entstehen Kohlensäure und Wasser, welche durch die Lungen, Haut und Nieren abgeschieden werden, stickstoffhaltige Zersetzungsprodukte, namentlich Harnstoff, welche im Harn entleert werden. Dieser Verbrennungsprozess ist die Quelle der fortwährend erzeugten Wärme, welche den Körper trotz der fortwährenden Verluste durch Strahlung, Leitung und Verdunstung immer nahezu auf denselben Wärmegrad erhält, sowie der vom Körper geleisteten Arbeit. Von letzterer können wir zwei Teile unterscheiden: die innere Arbeit, welche vom Herzen, den Atemmuskeln u. s. w. geleistet wird und die unbedingt notwendig ist, um das Leben überhaupt zu unterhalten, und die äufsere Arbeit, welche als Bewegung der Glieder oder des ganzen Körpers erscheint, durch welche wir Lasten heben u. s. w.

Da nun der Körper fortwährend Sauerstoff aufnimmt, diesen aber wieder in Verbindung mit Kohlenstoff, Wasserstoff, Stickstoff abscheidet, so muss er offenbar an Substanz verlieren und leichter werden. Aber ehe noch ein erheblicher Gewichtsverlust stattgefunden hat, stellt sich das Bedürfnis ein, den Verlust zu ersetzen, in Gestalt zweier mächtiger Empfindungen, Hunger und Durst. Diese mahnen uns, dass es Zeit ist, für Ersatz zu sorgen, wenn die Maschine ordentlich weiter arbeiten soll. Und so mächtig sind diese Empfindungen, dass der Drang zu ihrer Befriedigung die wahre und innere Triebfeder fast alles menschlichen Handelns abgiebt und in erster Linie den Gang der Weltgeschichte bedingt hat, und dass er auch heute noch neben dem Geschlechtstrieb einer der Hauptbebel aller Bestrebungen ist, wie dies Schiller treffend ausgedrückt hat in den Versen:

„Einstweilen, bis den Lauf der Welt
Philosophie zusammenhält,
Erhält sich das Getriebe
Durch Hunger und durch Liebe.“

Aber was sollen wir essen, um unsere Verluste zu decken? Das Tier in der Wildnis sucht sich seine Nahrung, und wenn es sie nicht oder nicht in genügender Menge findet, geht es zu Grunde. Nicht anders geht es dem wilden Menschen. In unsern civilisierten Gemeinschaften geschieht es sehr selten, dass Menschen geradezu verhungern, aber an ungenügender Ernährung gehen leider auch bei uns Tausende langsam zu Grunde.

Soll der Körper auf seinem Bestand erhalten und dabei leistungsfähig zur Arbeit bleiben, so muss er nicht nur genügenden Ersatz für die erlittenen Verluste, sondern diesen auch in geeigneter Form zu sich nehmen. Der Körper verliert fortwährend Kohlenstoff und Stickstoff. Die Nahrung muss also diese beiden Elemente in richtigen Verhältnissen enthalten. Aber nicht alle in der Natur vorkommenden Stoffe, welche diese Elemente enthalten, sind zur Ernährung geeignet. Es sind nur wenige Stoffe, welche den Ersatz liefern können. Wir nennen sie daher Nahrungsstoffe und alle die in der Natur vorkommenden oder künstlich erzeugten Substanzen, welche wenigstens einen Nahrungsstoff enthalten, nennen wir Nahrungsmittel.

Ein Nahrungsstoff muss eine Reihe von Eigenschaften haben, die ihn befähigen, zur Ernährung des Körpers beizutragen. Wenn wir etwas geniefsen, so nehmen wir es in den Mund, zerkleinern es, wenn nötig, bringen es durch den Schlingakt in den Magen, von wo es in den Darm gelangen kann. Aber alles, was im Mund, Magen, Darm enthalten ist, ist noch nicht im Körper. Das den Körper durchsetzende, am Munde beginnende und am After endende Rohr, welches wir Ernährungsschlauch nennen, ist den Geweben gegenüber Aufsenwelt. Was sich in ihm befindet, verhält sich zum Körper zunächst nicht anders, als wenn es auf der äufsern Haut läge. Aber die Wände dieses Ernährungsschlauchs sind für viele Dinge leicht durchdringlich und so können diese dann wirklich in den Körper kommen. Dazu müssen sie aber flüssig sein. Deswegen kann keine Substanz ein Nahrungsstoff sein, die nicht bei der Temperatur des Körpers flüssig oder in den Flüssigkeiten des Nahrungsschlauches löslich ist. Denn nur so kann sie die Wände des Nahrungsschlauches durchdringen und vom Körper aufgenommen oder resorbiert werden.

Ein solche Substanz muss aber endlich auch dem Körper etwas nützen, indem sie entweder zum Ersatz für verloren gegangene Gewebsbestandteile dienen oder unter den im Körper vorhandenen Bedingungen sich oxydieren und dadurch Wärme und Arbeit hervorzubringen vermag.

Was diesen Bedingungen nicht genügt, kann nicht als Nahrungsstoff anerkannt werden. Sehen wir, welche Körper unter diese Gesichtspunkte fallen, so erhalten wir folgende Gruppen:

1) Wasser. Der Körper verliert durch Verdunstung und in flüssigen Ausscheidungen fortwährend grofse Mengen von Wasser. Die dadurch zunehmende Zähigkeit des Blutes würde seine Bewegung sehr erschweren. Zwar kann der Körper unter Umständen auch Wasser aus seinen Elementen, Wasserstoff und Sauerstoff, bilden (den Wasserstoff erhält er in den gleich zu erwähnenden Verbindungen), aber dies geschieht nicht in ausreichender Menge. Also braucht der Körper stets Wasser. Dieses kann er zum Teil in Form von Getränken aller Art aufnehmen, zum Teil erhält er es mit den verschiedenen Nahrungsmitteln; denn Fleisch, Gemüse, Brod, kurz, alle Nahrungsmittel enthalten grofse Mengen von Wasser (bis zu $^3/_4$ ihres Gewichts, und manche sogar noch mehr).

2) Anorganische Salze. Diese, insbesondere Kochsalz, Kali- und Phosphorsäure-Verbindungen werden fortwährend mit dem Harn ausgeschieden. Welche Rolle sie im Organismus spielen, ist noch nicht vollkommen ausgemacht. Aber sie werden in dem Mafse, wie sie ausgeschieden werden, wieder eingeführt, weil sie in allen aus dem Pflanzen- und Tierreich stammenden Nahrungmitteln immer enthalten sind. Nur das Kochsalz setzen wir noch besonders unseren Speisen zu, aus Gründen, welche im folgenden Abschnitt erörtert werden sollen.

3) Kohlehydrate. Unter diesem Namen begreift man eine Reihe von Stoffen, welche aus Kohlenstoff, Wasserstoff und Sauerstoff bestehen (letztere Elemente in demselben Verhältnis, wie sie im Wasser vorkommen). Sie werden im Körper in der Weise zersetzt, dass sich Wasser und Kohlensäure bilden, wodurch eine beträchtliche Menge von Wärme und Arbeit produziert werden kann. Sie kommen in pflanzlichen und tierischen Nahrungs-

mitteln, wie wir sie zu geniefsen pflegen, fertig gebildet vor, oder werden aus diesen künstlich für Ernährungszwecke abgeschieden. Einige von ihnen (z. B. die verschiedenen Zuckerarten) sind löslich, andere (z. B. die Stärke) werden im Körper in Dextrin und Traubenzucker umgewandelt und dadurch resorptionsfähig.

4) Fette. Sie bestehen aus Kohlenstoff, Wasserstoff und Sauerstoff, enthalten aber weniger Sauerstoff als zur vollständigen Oxydierung ihres Wasserstoffs nötig ist. Bei ihrer Verbrennung im Körper entsteht gleichfalls Kohlensäure und Wasser und dabei wird wegen des hohen Kohlenstoffgehaltes der Fette viel Wärme und Arbeit gebildet. Sie kommen in pflanzlichen und tierischen Nahrungsmitteln vor und werden zum Teil aus diesen zu Nahrungszwecken abgeschieden (Butter, Öle u. s. w.).

5) Eiweifskörper. (Eiweifs, Faserstoff, Kleber, Legumin u. s. w.) Sie bestehen aus Stickstoff, Kohlenstoff, Wasserstoff und Sauerstoff, meistens in Verbindung mit geringen Mengen Schwefel und Phosphor. Bei ihrer Oxydation entstehen stickstoffhaltige Körper, die im Harn ausgeschieden werden (Harnstoff u. a.) und etwas Kohlensäure und Wasser. Die Bildung von Wärme und Arbeit bei dieser Oxydation ist geringer als bei der Verbrennung von Kohlehydraten und Fetten. Da aber bei der Thätigkeit aller Organe, besonders der Muskeln, fortwährend Eiweifskörper verbraucht werden, so muss eine entsprechende Zufuhr derselben stattfinden, um den Körper auf seinem Bestand zu erhalten. Sie kommen in pflanzlichen und tierischen Nahrungsmitteln vor.

6) Eiweifsähnliche Körper. Als solche bezeichnen die Chemiker eine Reihe von Stoffen, welche den Eiweifskörpern nahe verwandt sind und als teilweiser Ersatz derselben in der Nahrung dienen können. Wir wollen unter ihnen nur den Leim hervorheben.

Da der Körper fortwährend Kohlenstoff und Stickstoff ausgiebt, muss er auch beides durch die Nahrung ersetzen. Da nun von den aufgeführten 6 Gruppen von Nahrungsstoffen nur die beiden letzten Stickstoff enthalten, so kann ohne sie eine Ernährung gar nicht stattfinden. In Wirklichkeit können die in Gruppe 6 aufgeführten dies auch nur unvollkommen thun. Wir können also sagen, dass jede Nahrung, welche auf die Dauer das Leben erhalten soll, einen gewissen Betrag Eiweifskörper enthalten muss. Wieviel von ihnen nötig ist, erfahren wir, wenn wir die Menge von Stickstoff bestimmen, welche bei genügender Ernährung in 24 Stunden ausgeschieden wird. Die notwendig einzuführende Eiweifsmenge muss mindestens diese Stickstoffmenge enthalten. Diese Eiweifsmenge enthält zugleich etwas Kohlenstoff, aber lange nicht genug, um alles, was als Kohlensäure und in andrer Form verloren geht, zu decken. Es wäre nun sehr unpraktisch, den Kohlenstoffbedarf dadurch decken zu wollen, dass man die Menge der genossenen Eiweifskörper vermehrt. Denn einerseits sind alle Nahrungsmittel, welche reich an Eiweifskörpern sind (es kommt hier besonders Fleisch in Betracht), sehr teuer, andrerseits würde der Mensch so grofse Mengen der betreffenden Nahrungsmittel gar nicht resorbiren können. Daraus folgt also, dass wir besser thun, nur so viel Eiweifskörper zu geniefsen, als zur Deckung des Stickstoffbedarfs notwendig ist, den Rest des Kohlenstoffbedarfs aber auf andere Weise zu decken. Dies kann aber nur durch Fette oder durch Kohlehydrate geschehen. Die Erfahrung lehrt, dass beide, in richtigem Verhältnis gereicht, ihren Zweck erfüllen, dass es aber vorteilhafter ist, beide zu mischen. Hieraus folgt, dass zur genügenden und dauernden Ernährung eines Menschen notwendig sind:

1) Eiweifskörper. Dieselben können teilweise ersetzt werden durch eiweifsähnliche Körper, z. B. Leim, aber nur in beschränkter Menge. Sie müssen den gesamten Stickstoffbedarf des Körpers decken.

2) u. 3) Kohlenhydrate und Fette in unter einander wechselnder Menge, doch so, dass ihre Summe den Kohlenstoffbedarf des Körpers deckt, soweit er nicht schon durch die Eiweifskörper geliefert ist.

4) Anorganische Salze in dem Mafse, als sie ausgeschieden werden, was aber in hohem Grade von der Zufuhr abhängt.

5) Wasser, dessen Ausfuhr gleichfalls sehr von der Einfuhr bedingt ist, aufserdem von allerlei Umständen, z. B. der Temperatur und Trockenheit der Luft abhängt.

Von diesen Stoffen sind uns Wasser und anorganische Salze meistens ohne weitere Schwierigkeiten in genügender Menge zugänglich; nur Kochsalz müssen wir noch kaufen. Die organischen Stoffe erhalten wir aus dem Tier- und Pflanzenreich. Alle Nahrungsmittel enthalten diese drei Gruppen von Körpern, aber in sehr wechselnden Mengen. Kartoffeln z. B. bestehen fast nur aus Wasser und Stärke (einem Kohlehydrat); Eiweifskörper sind in ihnen nur in geringen Spuren enthalten. Als Zusatz zu Fleisch, in welchem die Eiweifskörper reichlich vertreten sind, womöglich noch unter Beigabe einer passenden Menge Fett, sind daher Kartoffeln ein vortreffliches Nahrungsmittel. Als Hauptgrundstock der Ernährung aber können sie nicht dienen, und die traurigen Folgen solcher mangelhaften Ernährung zeigen sich nur gar zu deutlich in vielen Gegenden unsres Landes.

Man würde jedoch Unrecht thun, wenn man nur die chemische Zusammensetzung der Nahrungsmittel allein zum Mafsstab ihres Nährwerts machen wollte. Es kommen dabei noch eine Reihe andrer Umstände in Betracht, namentlich die Verdaulichkeit, auf welche auch die Zubereitung der Speisen grofsen Einfluss hat. Die nahrhafte Stärke der Pflanzenstoffe z. B. ist in Zellen eingeschlossen, deren Häute sehr schwer oder gar nicht verdaulich sind. Diese Häute müssen daher erst gesprengt werden, um den Inhalt frei und damit für die Ernährung nutzbar zu machen. Viele Speisen werden auch unter den günstigsten Verhältnissen nur zum Teil wirklich verdaut, ein anderer Teil geht unverdaut ab; dieser beträgt bei grobem Brote mehr als bei feinem, so dass grobes Schwarzbrot, obgleich es mehr nahrhafte Stoffe enthält als feines, doch ein schlechteres Nahrungsmittel ist. Pflanzliche Nahrung wird im allgemeinen weniger vollkommen ausgenutzt als tierische. Eine gemischte Kost, welche den gröfsten Teil der Eiweifskörper in Gestalt von gutem Fleisch und den Rest sowie die Kohlehydrate aus dem Pflanzenreich entnimmt, liefert die beste Ernährung.

3. Gewürze und Genussmittel.

Wir haben gesehen, dass ein Nahrungsstoff löslich sein muss, damit er resorbiert werden, d. h. durch die Wände des Ernährungsschlauchs in die Gewebe des Körpers übertreten kann. Von den oben aufgezählten Nahrungsstoffen sind aber nur einige ohne weiteres resorbierbar. Die meisten werden es erst, indem sie innerhalb des Ernährungsschlauchs eine Umwandlung eingehen, welche man als *Verdauung* bezeichnet. Diese Verdauung besteht in einer Reihe chemischer Prozesse, welche im Munde anfangen, sich im Magen und Darm fortsetzen, und welche durch die Einwirkung gewisser Stoffe (*Verdauungssäfte*) auf die Nahrungsmittel zustande kommen. Jene Verdauungssäfte werden von Drüsen geliefert, die in der Wand des Ernährungsschlauchs selbst und in dessen Nähe liegen, und mischen sich den Speisen nach und nach bei. Die Drüsen stehen unter dem Einfluss des Nervensystems. Damit sie die Verdauungssäfte in genügender und wirksamer Weise liefern, bedarf es einer Reizung, welche durch die Speisen allein nicht immer in genügender Weise gegeben ist. Alle Mittel nun, welche wir den Speisen zusetzen, um diese Reizung zu bewirken, nennen wir *Gewürze*. Das wichtigste Gewürz ist das *Kochsalz*. Es ist zwar schon in vielen tierischen und in einigen pflanzlichen Nahrungsmitteln enthalten, aber nicht in genügender Menge. Darum setzen wir es fast zu allen Speisen hinzu, besonders zu denen, welche nicht schon auf andre Weise reizend auf die Drüsen wirken. Der allgemeine Gebrauch des Kochsalzes erklärt sich ganz besonders daraus, dass seine Wirkung sich nicht in dem Maſse, wie dies bei andern Gewürzen der Fall ist, durch die Gewöhnung abstumpft. Die Menge des zuzusetzenden Kochsalzes hängt sehr von der Gewohnheit ab. Doch ist jedenfalls um so mehr notwendig, je weniger gehaltreich an wirklich nützlichen Nahrungsstoffen die aufgenommene Nahrung ist, je gröſser also die Leistung ist, welche die Verdauungsorgane aufwenden müssen, um die volle Ausnutzung der Nahrung zu erzielen. Besonders wirksam ist das Kochsalz zur Hervorrufung der

Speichelabsonderung, welche zur Verdauung der Stärke notwendig ist. Wo z. B. die Nahrung zum gröfsten Teil aus Kartoffeln besteht, muss mehr Kochsalz genossen werden, als bei Fleischkost. Während daher bei den wohlhabenden Klassen die Ausgabe für Kochsalz einen verschwindenden Bruchteil des Jahresbudgets ausmacht, ist diese Ausgabe, besonders wenn sie durch die Salzsteuer künstlich erhöht wird, für eine arme Tagelöhnerfamilie eine recht drückende Last.

Aufser diesen Gewürzen setzen wir unserer Nahrung noch eine Reihe von Substanzen zu, welche entweder nur dazu dienen, uns die Speisen angenehmer zu machen, oder eine bestimmte Wirkung auf unsern Organismus, besonders auf das Nervensystem auszuüben. Wir nennen sie Genussmittel, weil sie uns in irgend einer Weise einen Genuss bereiten, während sie für die eigentliche Ernährung gar keine oder doch nur geringe Bedeutung haben. Die Abgrenzung zwischen Genussmitteln und Gewürzen, Genussmitteln und Nahrungsstoffen ist keine scharfe. Essig- und andre organische Säuren, wie sie im Obst vorkommen, könnten zu den Nahrungsstoffen gerechnet werden, da sie im Organismus zu Kohlensäure verbrannt werden und also Wärme und Arbeit leisten. Aber diese Wirkung ist sehr gering und sie können nicht in irgend erheblicher Menge zum Ersatz andrer Nahrungsstoffe dienen, da sie die Verdauung stören, sobald sie in erheblicher Menge genossen werden. In geringer Menge jedoch wirken sie als Genussmittel und als Gewürz. Zucker ist ein wahrer Nahrungsstoff aus der Gruppe der Kohlehydrate, er ist aber zugleich ein Genussmittel und ein Gewürz.

Auf der andern Seite giebt es allmähliche Übergänge von den Genussmitteln zu den Arzneistoffen und Giften. Das wirksame Alkaloid des Kaffees und Thees, Coffein oder Thein, geniefsen wir wegen seiner Wirkung auf unser Nervensystem, welche unter Umständen eine sehr nützliche ist; in etwas gröfseren Dosen aber ist diese Wirkung schon so stark, dass sie eine merkliche Änderung in den gewöhnlichen Lebenserscheinungen hervorbringt, von welcher der Arzt unter Umständen absichtlich zu Heilzwecken Gebrauch macht; in noch gröfseren Dosen endlich wirkt derselbe Stoff so stark, dass er bedrohliche Störungen der Lebenserscheinungen hervorruft, und dann heifst er ein Gift. Ganz dasselbe gilt vom Alkohol, von welchem im folgenden Abschnitt ausführlich gehandelt werden soll. Wir dürfen ferner nicht übersehen, dass wir derartige Stoffe selten rein zu uns nehmen. Wenn wir einen Aufguss von Theeblättern oder Kaffeebohnen machen, so enthält dieser neben dem Thein oder Coffein noch andre Stoffe, die zum Teil zu den oben erwähnten Gruppen der Nahrungsstoffe gehören. Aber wegen dieser geringen Mengen von Nahrungsstoffen geniefsen wir jene Aufgüsse nicht, sondern nur wegen ihres Gehalts an dem wirksamen Alkaloid. Deswegen rechnen wir daher diese Getränke, obgleich sie einen kleinen Beitrag zu unsrer Ernährung liefern, doch nicht zu den Nahrungs-, sondern zu den Genussmitteln.

Der Gebrauch der Genussmittel ist so allgemein verbreitet, dass ein physiologischer Grund für denselben vorhanden sein muss. Und wir können denselben auch nachweisen. Aber wenn wir auch auf diese Weise verstehen lernen, warum die Menschen derartige Stoffe geniefsen, dürfen wir doch unsre Augen nicht verschliefsen gegen die Gefahren, welche in dem Missbrauch derselben liegen. Namentlich der Alkohol hat so unzähliges Unglück über die Menschen gebracht, dass wir nach den Ursachen seiner allzugrofsen Verbreitung und nach Mitteln, dem Unheil zu steuern, suchen müssen. Wenn es wahr ist, dass die Trunksucht in unserem Lande so sehr überhand genommen hat, dass es für notwendig gehalten wird, mit neuen Strafgesetzen gegen sie vorzugehen, dann haben wir allen Grund, zu untersuchen, wo die Quelle dieses Übels liegt. Haben wir diese entdeckt, dann wird sich auch beurteilen lassen, ob die vorgeschlagenen Mittel zu seiner Bekämpfung Aussicht auf Erfolg versprechen.

Eine solche Aussicht wird aber nur dann vorhanden sein, wenn wir imstande sind, entweder 1) das gefährliche Mittel ganz aus dem Bereich der Menschen zu entfernen, oder 2) das Bedürfnis, welches die Menschen zum Gebrauch und damit auch zum Missbrauch des Mittels treibt, zu beseitigen, oder 3) den Menschen ein andres Mittel

zugänglich zu machen, welches ebenso geeignet ist, jenes physiologische Bedürfnis zu befriedigen, aber nicht so leicht zum Missbrauch verleitet und nicht so gefährlich in seinen Folgen ist.

Unsre Untersuchung wird zeigen, wie weit wir imstande sind, diese Forderungen zu erfüllen.

4. Alkoholische Getränke.

Von den drei Arten alkoholischer Getränke, Branntwein, Bier und Wein, können wir den letzteren fast ganz von unsrer Betrachtung ausschliefsen, da er, einige weinbauende Gegenden vielleicht ausgenommen, bei uns nicht eigentliches Volksgetränk ist.*) Um so mehr werden die beiden anderen, zum Teil in sehr erheblichen Mengen genossen, und es ist zu untersuchen, welchen Einfluss dieser Genuss auf das Volkswohl hat, und wie dem schädlichen Übermafs des Genusses da, wo er vorhanden ist, gesteuert werden kann.

Branntwein wird bei uns fast ausschliefslich aus Kartoffeln gewonnen, jedenfalls liefern andre Rohstoffe (Getreidearten, beim Nordhäuser Korn z. B.) nur einen geringen Beitrag. Dies schliefst freilich nicht aus, dass zuweilen Mais und andre stärkereiche Rohstoffe gelegentlich mit Verwendung finden, wo dies für den Brenner vorteilhaft ist. Die Stärke wird durch den Maischprozess in Traubenzucker verwandelt, letzterer durch

*) Damit will ich jedoch nicht sagen, dass der Wein niemals zu schweren Schädigungen der Gesundheit führt. Im Gegenteil, dies kommt bei uns und anderswo (z. B. in England) viel häufiger vor als in den wirklichen Weingegenden. Aber einerseits ist es doch nur immer eine kleinere Anzahl von Personen im Vergleich mit denen, welche dem Branntweingenuss ergeben sind; andrerseits ist sehr häufig der von diesen genossene „Wein“ derart mit Sprit versetzt, dass er sich vom Branntwein mehr durch den Namen und den Preis als durch seine Beschaffenheit unterscheidet.

Gärung in Alkohol und Kohlensäure zerlegt, und aus der alkoholhaltigen Flüssigkeit dieser durch Destillation in stärkerer Konzentration abgeschieden.

Abgesehen von unbedeutenden Zusätzen, welche meist nur die Farbe und den Geschmack ein wenig verändern, haben wir es daher im Branntwein mit Alkokol und Wasser allein zu thun. Denn auch der gröfste Teil dessen, was unter verschiedenen Namen, als Kognak, Rum u. s. w. verkauft wird, ist heutzutage aus gewöhnlichem Spiritus durch Mischung und Zusatz von Färbemitteln und Essenzen bereitet. Obgleich die Ausfuhr von Sprit aus Deutschland infolge der veränderten Zollpotitik fast aller Staaten sehr abgenommen hat, so werden doch auch jetzt noch erhebliche Mengen von Alkohol aus Deutschland nach Frankreich, Spanien und andern Ländern ausgeführt, welche dort zum Verschneiden von Weinen verwandt werden oder von dort zum Teil „veredelt“, d. h. mit allerlei Zusätzen versehen, wieder zu uns zurückkommen und als Kognak, Rum, Chartreuse u. s. w., oder auch als Portwein, Sherry u. d. g. getrunken werden.

Die Wirkung des Branntweins auf den menschlichen Organismus fällt zusammen mit der Wirkung des Alkohols. Die Zusätze, durch welche Liqueure aller Art aus ihm bereitet werden, können seine Wirkung nur unerheblich abändern. Eine Ausnahme hiervon macht vielleicht der Absinth, welcher aber bei uns in geringer Menge getrunken wird, während sein Verbrauch in Frankreich ein sehr bedeutender ist. Von diesem behaupten französische Ärzte, dass er die Wirkungen des Alkohols erheblich verändere. Sie schreiben ihm sehr gefährliche Folgen zu, namentlich soll er die Entstehung von Hirn- und Nervenkrankheiten, Epilepsie, Dementia paralytica u. a. begünstigen.*) Was die andern beliebten Zusätze anlangt, so wissen wir von ihnen wenig, denn die meisten werden erst im Kleinbetrieb vor dem unmittelbaren Ausschank gemacht. Zuckerzusatz bei Liqueuren fügt ja einen nützlichen Nahrungsstoff zu. Aber der eigentliche Schnapstrinker liebt andre „Corrigentien“, welche den Geschmack nicht mildern, sondern eher schärfer machen.

---

*) Diese kommen aber auch bei uns vor und nachgewiesener Mafsen als Folgen von Alkoholmissbrauch.

Ganz anders liegt die Sache beim Bier. Die Bereitung des Biers beruht im wesentlichen auf denselben Prinzipien wie die des Branntweins: stärkehaltige Stoffe, (Gerste, Weizen, zuweilen auch Reis u. a.) werden durch das Einmaischen in Zucker und dieser dann durch Gärung in Alkohol übergeführt. Aber die Destillation fällt fort. Und dies hat zur Folge, dass erstens der Alkoholgehalt des Bieres ein sehr viel geringerer ist, als der des Branntweins, und dass zweitens die fertige Flüssigkeit neben dem Alkohol noch eine Reihe andrer Stoffe enthält, welche ihren Charakter wesentlich bestimmen. Dazu kommt dann noch drittens der Zusatz von Hopfen zu der Bierwürze, welcher chemische Veränderungen hervorruft, einen Teil der gelösten Stoffe niederschlägt und entfernt und den Geschmack und die physiologische Wirkung wesentlich beeinflusst. So ist denn das fertige Bier ein sehr zusammengesetzter Körper, dessen physiologische Wirkungen nicht vom Alkoholgehalt allein bedingt werden. Auch sind die verschiedenen Biere deswegen unter einander viel weniger vergleichbar, als dies mit verschiedenen Schnäpsen der Fall ist.

Bier enthält neben Alkohol vorzugsweise noch geringe Mengen von Eiweifskörpern, die sogenannten Extraktivstoffe, d. h. Dextrin und Zucker, Salze und Kohlensäure. Die Eiweifskörper beeinträchtigen die Haltbarkeit des Biers, sind daher besonders bei den Lagerbieren bis auf geringe Spuren entfernt. Die Extraktivstoffe, Dextrin und Zucker, rühren von der nicht vollkommen zu Ende geführten Gärung her, welche auch den Kohlensäuregehalt bedingt. Man hat diesen Stoffen zu lieb, welche ja wertvolle Nahrungsstoffe sind, dem Bier einen hohen Nährwert zugeschrieben. Ich will jedoch hier von vornherein bemerken, dafs es diesen nur in geringem Grade hat. Bier ist kein Nahrungsmittel von irgend welcher Bedeutung, sondern ein Genussmittel. Nur als solches darf es betrachtet werden, wenn man seinen Wert für den Menschen richtig beurteilen will. Wer Dextrin und Zucker geniefsen will, kann sich diese Stoffe billiger und bequemer in andern Formen verschaffen und auch der Umstand, dass sie im Bier schon gelöst sind, kommt, wenigstens für den gesunden Menschen, nicht in Betracht. Es wäre jedenfalls nationalökonomisch durchaus nicht zu rechtfertigen, den gröfsten Teil der Stärke des Getreides in Alkohol zu verwandeln, um einen geringen Bruchteil derselben als wertvollen Nahrungsstoff zu geniefsen, wenn dazu nicht andre Gründe vorlägen. Ebenso wenig Wert lege ich auf die Anpreisung der im Bier enthaltenen Salze. Abgesehen davon, dass diese Salze auch auf andre Weise billiger zu beschaffen sind, ist ihr hoher Wert für die Ernährung überhaupt problematisch.

Bier und Branntwein sind also alkoholische Genussmittel. Im Branntwein geniefsen wir den Alkohol fast rein und in starker Konzentration, im Bier stark verdünnt und gemischt mit einer Reihe andrer Stoffe, welche dem Getränk einen besondern Charakter geben und seine Wirkungsart beeinflussen. Um diese Wirkungen zu studieren, müssen wir untersuchen, wie der Alkohol in verschiedenen Graden der Verdünnung wirkt, und wie diese Wirkung durch die andern Bestandteile des Biers beeinflusst wird.

---

5. Wirkung des Alkohols.

Alkohol, genauer bezeichnet Äthylalkohol (zum Unterschiede von andern Alkoholarten) ist im reinen, wasserfreien Zustande eine wasserklare, leichtbewegliche Flüssigkeit, welche bei 78° siedet und selbst bei den niedersten, künstlich erzeugten Kältegraden nicht fest wird. Sie ist leichter als Wasser (sp. Gew. 0,79), mischt sich in allen Verhältnissen mit Wasser, und diese Mischungen sind um so leichter, je mehr Alkohol sie enthalten, so dass man den Alkoholgehalt durch Bestimmung des spezifischen Gewichts der Mischung leicht berechnen kann (Skala von Tralles). Seine chemische Zusammensetzung wird durch die Formel C_2H_6O ausgedrückt. Er besteht also aus Kohlenstoff, Wasserstoff Sauerstoff, enthält aber von letzterem so wenig, dass er sich noch mit einer erheblichen Menge Sauerstoff verbinden kann, wobei Kohlensäure und Wasser entstehen und eine bedeutende Wärmemenge gebildet wird.

Hier erhebt sich nun die für unsere Zwecke interessante Frage, ob eine solche Verbrennung des Alkohols auch im tierischen Organismus stattfindet, wenn derselbe genossen wird. Öl können wir in einer Lampe brennen und dadurch Wärme erzeugen. Trinken wir dasselbe Öl, dann verbrennt es in unserm Körper, freilich viel langsamer, aber die schliefslich gebildete Wärme ist die gleiche. Wir wissen ja, dass die Lappländer in ihrer Nahrung sehr viel Öl, Tran und ähnliche Fette aufnehmen und so die grofsen Wärmemengen erzeugen, deren sie bedürfen, um sich in der kalten Umgebung die nötige Wärme des Körpers zu erhalten. Wie steht es nun mit dem Alkohol? Kann er dieselbe Rolle spielen? Dann müssten wir ihn offenbar zu den Nahrungsstoffen rechnen. Die experimentellen Untersuchungen über diesen Punkt sind noch nicht vollkommen abgeschlossen. Sicher ist, dass ein Teil des aufgenommenen Alkohols durch die Lungen, den Harn, die Haut teils unverändert, teils nur wenig verändert (als Aldehyd C_2H_4O), abgeschieden wird; ein Teil bleibt lange unverändert im Körper, wenigstens hat man ihn noch 36 Stunden nach der Aufnahme gefunden; ein dritter, aber sehr unerheblicher Teil endlich verbrennt vielleicht zu Kohlensäure und Wasser. Der Alkohol könnte also mit einigem Recht zu den Nahrungsstoffen gerechnet werden, wenn man sich auf diesen letzten, im Körper verbrannten Anteil steifen wollte. Aber selbst, wenn man dies zugiebt, muss man doch festhalten, dass er als Nahrungsstoff nur eine sehr geringe Rolle spielt. Denn wenn er in irgend erheblicher Menge genossen wird, dann wirkt er, wie wir sehen werden, so störend auf den Ablauf der Lebenserscheinungen, dass seine nährende Wirkung dagegen nicht in Betracht kommen kann.

Wasserfreier Alkohol ist sehr schwer darzustellen, kann aber auch gar nicht genossen werden. Selbst in den Konzentrationen, in welchen er in den stärkeren Weinen und im Branntwein vorkommt, übt er auf die Schleimhäute des Mundes und des Magens starke örtliche Wirkungen aus, von deren Folgen noch die Rede sein wird. Er verursacht ein Gefühl von Wärme oder Brennen, das dem Ungewöhnten unangenehm, dem Gewohnheitstrinker dagegen nicht scharf genug zu sein pflegt, so dass er gern zu allerlei Zusätzen greift, den Geschmack zu würzen. In den Magen gelangt, reizt der Alkohol die Nerven der Schleimhaut, bewirkt, in ganz kleinen Dosen, stärkere Absonderung von Magensaft und kann somit förderlich für die Verdauung sein. Aber bei nur etwas gröfseren Dosen wird diese Wirkung beeinträchtigt, die Verdauung wird, so lange der Alkohol im Magen verweilt, aufgehoben. Die Speisen bleiben Stunden lang unverändert im Magen liegen. Die Schleimhaut wird stark gereizt, mit Blut überfüllt, ein zäher Schleim lagert sich auf derselben ab, es entsteht ein akuter Magenkatarrh.

Gelangt der Alkohol aus dem Magen durch Resorption ins Blut, was sehr schnell geschieht, so machen sich seine Wirkungen im ganzen Körper geltend, besonders aber im Gehirn. Alle Thätigkeiten desselben werden gesteigert, der Gedankengang wird lebhafter, die Phantasie reger. Muskelbewegungen werden leichter ausgeführt und Anstrengungen leichter ertragen. Aber alles dies zeigt sich nur, wenn die Dosis klein ist. Bei gröfseren Dosen folgen bald die Erscheinungen des Rauschs, welche zu bekannt sind, als dass ich sie hier zu schildern brauchte. Neben den subjektiven Erscheinungen aber gehen objektive einher, welche schwerer festzustellen sind. Herzschlag und Atmung werden beschleunigt, die Körpertemperatur sinkt, der gesamte Stoffwechsel wird herabgesetzt. Für das Verständnis der Rolle, welche der Alkoholgenuss spielt, am wichtigsten sind die Wirkungen auf die G e f ä f s n e r v e n. Die Blutgefäfse, durch welche das Blut fortwährend im Körper kreist, um allen Organen Ernährungsmaterial und Sauerstoff zuzuführen und die in ihnen entstandenen Zersetzungsprodukte abzuführen, führen in ihren Wandungen Muskelfasern, durch welche die Gefäfse verengert werden können. Diese Muskelfasern der Gefäfse stehen unter dem Einflusse des Nervensystems, welches die Blutzufuhr zu den Organen regelt, wie ein Berieselungsarbeiter, welcher die Schleusen einer Berieselungsanlage stellt, um jedem Teil der Wiese seine passende Wassermenge zukommen zu lassen. Kommt Alkohol ins Blut, so werden die Blutgefäfse zuerst verengt, bald aber stark erweitert. Es strömt mehr Blut in die Organe und zirkuliert langsamer in denselben. Man sieht das an den äufseren

Teilen, namentlich der Haut des Gesichts, welches sich in Folge des gröfseren Blutandrangs stark rötet. Da das Blut wärmer ist als die äufsere Haut, welche fortwährend Wärme an die Umgebung verliert, so wird auch die Haut wärmer, wenn mehr Blut in sie einströmt, und dies verursacht ein Gefühl der Wärme, welches namentlich dann stark ausgesprochen ist, wenn die Haut vorher sehr kalt war. Aber dies Gefühl hält nicht lange vor. Denn die Haut verliert nun auch mehr Wärme, und so kommt es, dass der ganze Körper abgekühlt wird.

Diese Wirkungen auf das Nervensystem sind es, um derentwillen am häufigsten zum Alkoholgenuss gegriffen wird. Das ermüdete und abgespannte Gehirn des durch geistige Arbeit Erschöpften sucht eine starke Anregung; der in Nässe und Kälte erstarrte Feldarbeiter verscheucht durch einen Schluck Branntwein das unangenehme Gefühl der Kälte. Der durch körperliche Anstrengung Ermüdete sucht sich durch ihn neue Kraft zur Arbeit zu verschaffen. Diesem letzteren Punkt müssen wir noch eine besondere Untersuchung widmen.

Wenn unsre Muskeln durch angestrengte Arbeit ermüdet sind, so sind die Stoffe, durch deren Umsetzung die Arbeit im Muskel entsteht, noch nicht erschöpft. Der Muskel ist nur zeitweise, wahrscheinlich in Folge der Ansammlung der Zersetzungsprodukte in ihm, weniger geeignet, fernere Arbeit zu leisten. Gröfsere Energie des Nervensystems kann einem solchen ermüdeten Muskel noch manche Leistung abzwingen. Aber diese Energie aufzuwenden ist das Nervensystem nicht immer und nicht bei allen Menschen im Stande. Da kommt ihm nun ein so mächtiges Reizmittel, wie der Alkohol eines ist, zu Hilfe. Unter seiner Wirkung gewinnt das Gehirn eine gröfsere Kraft. Und da der verstärkte Zufluss von Blut zu den Muskeln auch die Zersetzungsprodukte der Muskelthätigkeit, welche die Ermüdung veranlasst haben, schneller fortschwemmt, kann der Körper noch eine neue Leistung vollbringen, die vorher unmöglich erschien.

Aber diese Wirkung ist doch nur eine flüchtige und vorübergehende. Das angezündete Strohfeuer ist bald erloschen, um so schneller, je weniger Vorrat an wirklich leistungsfähigem Material der Körper zur Verfügung hatte. Alle Muskelarbeit geschieht nur auf Kosten von chemischen Veränderungen im Muskel. Dieser verhält sich nicht anders, wie eine Dampfmaschine, deren Arbeitsleistung das Produkt der Verbrennung von Kohle ist. Brennt das Feuer nicht ordentlich auf dem Roste des Dampfkessels, dann wird der Gang der Maschine lahm. Man kann sie wieder zu lebhafterem Gang bringen, wenn man das halb erloschene Feuer lebhafter anfacht. die Asche von dem Rost entfernt, oder irgend eine Hemmung beseitigt, welche den Gang verlangsamt hat; aber wenn man nicht neues Brennmaterial zuführt, dann werden alle diese Mittelchen nur wenig fruchten. Unbedingt vorausgesetzt aber muss werden, dass die Maschine überhaupt gut im Stande und dass sie mit genügendem Brennmaterial versehen ist. Wenden wir das Gleichnis auf den Muskel an, so sehen wir, wie auseinandergesetzt wurde, dass der Gang der Maschine schon zu stocken anfängt, wenn nur ein Teil des vorrätigen Brennstoffs verzehrt ist. Es treten eben allerlei kleine Reibungen und Hemmungen ein. Diese kann man vorübergehend beseitigen, und dann geht es wieder eine Weile. Das heifst also, auf die menschliche Maschine übertragen: Ein gut genährter Mensch, mit kräftigem Muskelbau, kann bei beginnender Ermüdung durch einen Schluck Branntwein seine Leistungsfähigkeit vorübergehend steigern. Aber man vergesse nur nicht, dass er dann auch mehr von den Stoffen verbraucht, durch deren Umsetzung er überhaupt Arbeit leistet, und dass er, um weiter leistungsfähig zu bleiben, den dadurch veranlassten gröfseren Stoffverbrauch durch gute, nahrhafte Kost ersetzen muss. Kann er dies, so wird ihm der kleine Exzess nichts schaden, ja sogar, da solche kleine Alkoholdosen die Esslust steigern und die Verdauung anregen, den Ersatz des Kräfteverlustes befördern.

Ganz ähnlich verhält es sich mit der erwärmenden Wirkung des Alkohols. Diese ist, wie wir gesehen haben, nur eine scheinbare. Das subjektive Gefühl der Wärme, welches entsteht, indem das warme Blut aus dem Innern des Körpers reichlicher in die Haut einströmt, hat in Wirklichkeit sogar einen gröfseren Wärmeverlust und damit eine Abkühlung des

Körpers zur Folge, welche durch eine vermehrte Wärmeproduktion wieder ausgeglichen werden muss. Wärmeproduktion und Arbeitsleistung sind aber nur zwei Erscheinungsweisen desselben Vorgangs, nämlich der im Körper stattfindenden Oxydation. Ist reichliches Nahrungsmaterial vorhanden, um die Verbrennung zu unterhalten, und kann der Körper den gröfseren Verbrauch, zu dem er sich durch das Reizmittel angefeuert hat, durch eine gute, kräftige Mahlzeit wieder einbringen, dann kommt nach einer Zeit wieder alles in guten Stand. Das Mittel hat seinen Zweck erfüllt, und seine gelegentliche Anwendung wird ohne dauernden Schaden ertragen werden.

Anders aber, wenn ein schwacher, schlecht ernährter Mensch dasselbe Mittel anwendet. Die Wirkung wird zunächst wohl dieselbe sein: die Erregung des Nervensystems befähigt ihn, noch etwas von seiner Kraft herzugeben, das unangenehme Kältegefühl wird verscheucht. Aber er hat nicht viel zuzusetzen und so erlahmt er bald wieder. Und da ihm der Schnaps vorher gut gethan hat, so greift er wieder zur Flasche, und da es nichts nützen will, so vergröfsert er die Dosis und kann so, wenigstens zeitweise, noch etwas erzielen. Aber immer von neuem stellt sich das Bedürfnis ein und immer weniger leistet das Mittel. So wird er ganz von selbst zum Gewohnheitstrinker. Was anfänglich ein selten gebrauchtes Genussmittel, eine Arzenei, war, ist jetzt ein Lebensbedürfnis geworden, und eins der gefährlichsten, wie wir gleich sehen werden.

6. Folgen des Alkoholmissbrauchs.

Wir haben soeben gesehen, wie bei der armen, schlecht und ungenügend ernährten Arbeiterbevölkerung (und diese bildet bei uns und anderwärts leider einen grofsen Teil der Gesamtbevölkerung) der übermäfsige Gebrauch des Alkohols sich ganz naturgemäfs entwickelt. Man kann den Armen keinen Vorwurf daraus machen; sie fordern eher unser Mitleid heraus. Nirgends passt der Spruch besser als hier: Tout comprendre, c'est tout pardonner. Aber mit unserm Mitleid ist wenig geholfen. Wir werden besser thun zu untersuchen, wie wir Abhilfe schaffen können. Vorher aber will ich kurz auseinandersetzen, welche Folgen der Missbrauch des Alkohols nach sich zieht.

Übrigens ist es nicht immer Not und Elend, welche diesen Missbrauch veranlassen, zuweilen thut es auch das Gegenteil. In England sind das Delirium tremens und andre Folgen des übermäfsigen Genusses von Porter und Sherry unter den höheren Ständen nicht selten, und dass auch Damen ihr Kontingent dazu stellen, beweisen die Ankündigungen besondrer Heilanstalten für solche, wie man sie allwöchentlich in dem Anzeigenteil der gelesensten medizinischen Zeitschriften findet. Um nicht ganz hinter dieser „Blüte der Civilisation“ zurückzubleiben, hat auch Deutschland jetzt solche Anstalten erhalten. Unerwarteter Überfluss ist bei Leuten, die sonst darben müssen, oft Veranlassung zu Ausschreitungen im Alkoholgenuss. So weifs ich es aus dem Munde des verstorbenen berühmten Klinikers Traube, dass zur Zeit der abnorm hohen Arbeitslöhne während der Epoche der „Gründungen“ die Häufigkeit des Säuferwahnsinns bei Arbeitern und ganz besonders bei jugendlichen Individuen dieser Klasse in erschreckendem Grade zugenommen hat. Und als Gegenstück dazu können wir die Thatsache registrieren, dass während der Zeit der Arbeitseinstellungen in den Bergwerksdistrikten Englands, wo es den Arbeitern sehr an Geld fehlt, die Zahl der aus Trunkenheit entspringenden Erkrankungen, Verbrechen u. s. w. erheblich abzunehmen pflegt.

Die Wirkungen anhaltenden übermäfsigen Genusses von Alkohol sind sehr verwickelte. Die Ernährung ist anfangs scheinbar gut, die Leute werden fett dabei; aber das Fett ist schmierig, die Haut welk, die Hautgefäfse stark erweitert, als rote Linien sichtbar, besonders an den Augen, der Nase, den Wangen; auch Hautausschläge sind nicht selten. In den spätern Stadien tritt Abmagerung und Kräfteverfall ein. Die Mundschleimhaut ist belegt, blass; Rachen-, Magen- und Darmkatarrhe, häufig mit chronischem Erbrechen, besonders am Morgen, verbunden, stellen sich ein; später kommen hartnäckige Stuhlverstopfung, blutige Stühle und Stuhlzwang hinzu. Die Leber ist anfangs vergröſsert, sehr blutreich, wird dann fettig, zuletzt bindegewebig entartet (cirrhotisch). Dadurch entstehen Störungen im Pfortaderkreislauf, Blutungen und Bauchwassersucht (Ascites). Kehlkopf, Luftröhre, Lungen sind oft katarrhalisch, zu Entzündungen sehr geneigt; die Lungenentzündungen sind bei Trinkern besonders gefährlich. Der Herzschlag ist unregelmäſsig, das Herz wird fettig entartet, Herzbeutelentzündungen kommen häufig vor. Die Arterien werden starr, brüchig (atheromatös), geben leicht zu Blutungen Veranlassung. Die Nieren verfetten und schrumpfen, Nieren- und Blasensteine sind häufig, ebenso Blasenkatarrhe, Blutungen in die Harnorgane. Die Muskeln werden schlaff, häufig fettig entartet, die Bewegungen zitternd und unkräftig, besonders die der Zunge und Hände. Knochenerkrankungen mit heftigen „rheumatischen“ Schmerzen stellen sich ein. Die Hirnhäute sind verdickt, entzündet, mit kleinen Blutungen durchsetzt; die Blutgefäſse des Gehirns sind erweitert, die Hirnsubstanz selbst trocken, geschrumpft, stellenweise erweicht und mit Blutungen durchsetzt. Der ganze Gemütszustand ist verändert, der Mensch wird reizbar, später missmütig und melancholisch, roh, streitsüchtig, rechthaberisch, dabei häufig sehr geschwätzig; dazu gesellen sich Schlaflosigkeit, schreckliche Träume, Wahnvorstellungen und Halluzinationen. Endlich kommen Ausbrüche von Delirium, zuletzt Verrücktheit, welche endlich in vollkommenen Blödsinn übergeht.

Zwischen die einzelnen Stufen dieses schneller oder langsamer sich abwickelnden Verlaufs schieben sich allerlei Zufälle ein, als da sind: akutes Delirium, gekennzeichnet durch Unstetigkeit, Ruhelosigkeit, gesteigertes Zittern und vermehrte Geschwätzigkeit, auffallende Träume und Wahnvorstellungen von Räubern, Mäusen u. d. g., Verfolgungswahn, Gesichts- und Gehörs-Halluzinationen, Anfälle von Tobsucht, heftiger Durst, trockne Zunge, heisere Stimme, kalter Schweiſs. Ein solcher Anfall endet häufig mit Verfall und tiefem Schlaf, worauf dann ein Nachlaſs der Krankheit folgt, — zuweilen aber auch mit plötzlichem Tod.

Der Tod des Säufers erfolgt häufig an irgend einer akuten Krankheit. Alle Krankheiten sind bei ihm viel gefährlicher als bei gesunden Menschen, besonders Typhus und Lungenentzündung. Zuweilen erfolgt der Tod ganz plötzlich, ohne nachweisbare direkte Veranlassung, meistens aber als Folge jener allmählichen Zerrüttung aller Organe, die oben kurz ckarakterisiert worden ist.

Aber auch mit dem Tode des Säufers hat der Alkohol seine zerstörende Wirkung noch nicht vollendet, er wirkt auch noch auf seine Nachkommenschaft. Nicht allein, dass ein grofser Teil der Säufer seine Tage im Irrenhaus beschliefst, auch ihre Kinder verfallen dem Irrsinn. Es ist festgestellt, dass ein grofser Teil der Geisteskranken entweder von Geisteskranken oder von Trunkenbolden abstammen. Und eben diese Nachkommen von Trinkern liefern auch ein grofses Kontingent zur Verbrecherwelt. Wie kann es auch anders sein? Im Hause des Säufers lockern sich alle Familienbande; der Not und dem Elend preisgegeben, werden die Kinder hinausgestofsen in die Welt, ehe sie genug moralischen Halt gewonnen haben, um sich in dieser zurechtzufinden. Achtung vor der Sitte und dem Gesetz haben sie im elterlichen Hause nicht gelernt. Aber mehr als das: die moralische Schwäche, welche den Vater zum Trunkenbold hat werden lassen, war zum Teil eine körperliche Anlage, und diese vererbt sich auf die Kinder und macht sie zu Verbrechern. Wenn wir auch nicht den Übertreibungen zustimmen können, welche ein Teil der Ärzte im Anschluss an den Italiener Lombroso vorgebracht haben, so dürfen wir doch auch nicht verkennen, dass ein grofser Teil der Verbrechen auf krankhaften Anlagen beruht, welche die volle moralische Verantwortung bei den kranken Menschen beeinträchtigen. Um so dringender wird aber auch die Überzeugung, dass diesen Übeln, dieser Volkskrankheit, nicht mit Strafandrohungen abgeholfen werden kann, sondern nur durch positive Mittel: durch Erziehung und Unterricht, durch Verbesserung der Ernährung, der Wohnungen, mit einem Worte durch gesunde Lebensweise.

Und der gröfste Feind dieser anzustrebenden gesunden Lebensweise ist und bleibt stets der Alkohol. „Überlegten die Menschen ernstlich, wie sie am besten für ihr leibliches Wohl sorgen, sie würden wahrscheinlich niemals zum Schnaps greifen, es sei denn, sie nehmen ihn unter besondern Umständen als Arznei. Man kann nicht behaupten, dass ganz gesunde Personen durch irgend einen zwingenden Grund genötigt werden, Schnaps zu trinken. Jedenfalls steht sein Nutzen in keinem Verhältnis zu dem Schaden, den er anrichtet. Schnaps ist unzweifelhaft die ergiebigste Quelle von Elend, Sünde, Verbrechen, Irrsinn, Krankheit. Ohne die vergiftende Wirkung des Schnapses würde manches böse Werk unterbleiben, manches gute besser ausfallen.“

Man wird dagegen einwenden, ein mäfsiger Branntweingenuss könne nicht schaden, sei vielmehr von Nutzen, wenn der erschöpfte Körper eines Reizmittels bedarf. Zugegeben, und wir haben ja selbst oben die Bedingungen erörtert, wo dies zutrifft. Aber selbst in diesen Fällen wäre doch unzweifelhaft Ruhe und eine tüchtige Mahlzeit dem Körper noch zuträglicher gewesen und hätte schliefslich noch mehr geleistet. Und in den meisten Fällen wird eine ordentliche Anspannung der Willenskraft dasselbe zu leisten imstande sein, was der Schnaps dem Trägen freilich auf bequemere Weise, aber doch nur ganz vorübergehend gewährt. Wie oft habe ich gesehen, dass im Kriege bei anstrengenden Märschen in Kälte und Nässe oder in Hitze der eine Soldat seine Zuflucht zur Schnapsflasche nahm, während der andre ohne diese auskam und schliefslich länger aushielt als jener. Und so ist es in allen Lagen. Der Schnaps ist ein gefährlicher Freund; er gleicht dem Wucherer, der seine Dienste nur gegen hohe Zinsen leistet, und der immer und immer wieder in Anspruch genommen werden muss, bis zuletzt der Schuldner ganz zu Grunde gerichtet ist.

Ist es erst dahin gekommen, dass in Folge längeren Alkoholgenusses der ganze Organismus von dem Gifte ergriffen ist, dann kann der Mensch gar nicht mehr ohne ihn leben. Hohlwangig und bleich, nach einem unruhigen, von bösen Träumen begleiteten Schlaf erhebt er sich morgens von seinem Lager. Seine Hände zittern, seine Gedanken sind wirr, mit stierem Blick sucht er umher — da sieht er die Schnapsflasche. Gierig greift er nach ihr, umfasst sie krampfhaft, führt sie zitternd und unsicher an den Mund und saugt gierig das Gift in sich hinein.

Und nun geht eine wunderbare Veränderung in ihm vor. Seine Züge beleben sich, seine Augen erhalten einen unheimlichen Glanz, seine zittrigen Hände werden ruhig. Wer die Sache nicht kennt, würde glauben, einen gesunden, kräftigen Mann vor sich zu haben. Aber die Wirkung hält nicht lange vor, und immer wieder muss zu jenem Mittel gegriffen werden, dem tückischen Gift, von dem jeder Schluck einen „Nagel zum Sarge" vorstellt.

Das ist ein garstiges Bild, aber es ist nicht übertrieben. Man lese die meisterhaften Schilderungen derartiger Scenen bei Bret Harte und man gehe hin und beobachte die Leute, welche unsre Schnapskneipen bevölkern, und man wird sich überzeugen, dass die Modelle zu dem Bilde nicht blofs in Kalifornien vorkommen.

Leider sind derartige Erscheinungen auch in andern Kreisen noch zu finden. Geistige Überarbeitung führt nicht selten auch hervorragend begabte Männer dazu, Anstachelung im Alkohol zu suchen. Die im übrigen gesundheitsgemäfsere Lebensweise verzögert den Verlauf der Krankheit und ändert in vieler Beziehung den Ablauf der Erscheinungen, aber die traurigen Folgen sind, wenn auch minder abschreckend, dennoch unvermeidlich.

---

7. Vergleichung der Wirkungen von Bier und Branntwein.

Die in den vorhergehenden Abschnitten kurz geschilderten Wirkungen des Alkohols können, wie schon gesagt, durch Zusätze zu demselben, wie sie in den verschiedenen geistigen Getränken vorkommen, etwas modifiziert werden, bleiben aber im wesentlichen immer dieselben. Für die Beurteilung der Folgen, welche der gewohnheitsmäfsige Genuss eines dieser Getränke nach sich zieht, kommen aber diese Nebenwirkungen sehr erheblich in Betracht. Sowohl die Theorie wie die Erfahrung lehren, dass alle die traurigen Folgen des Alkoholmissbrauchs hauptsächlich und fast ausschliefslich durch den

Schnaps, viel seltner durch den Wein und am allerseltensten durch das Bier herbeigeführt werden.[1])

Sehr erschwert wird ja die Feststellung dieser Thatsache durch den Umstand, dafs die Trinker sich nicht gerade strenge an ein Getränk binden. Der Wein- und Biertrinker verschmäht wohl gelegentlich auch einen Schnaps nicht. Aber auf der andern Seite können wir doch die Beobachtungen vergleichen, welche in den Hauptkonsumptionsländern gemacht werden, wo eines dieser Getränke vorzugsweise und in grofsen Mengen genossen wird, gegen welches die andern ganz zurücktreten. Diese Erfahrung lehrt, dass die eigentlichen Säuferkrankheiten nur da vorkommen, wo Schnaps in grofsen Mengen getrunken wird, dass sie dagegen in Wein- und Biergegenden viel seltener und auch meist nur in den leichteren Formen auftreten.

Dies hat seinen Grund nicht allein in dem Umstand, dass Schnapstrinker meistens absolut genommen viel gröfsere Mengen von Alkohol zu sich nehmen, sondern dass aufserdem die schädlichen Wirkungen des Alkohols viel stärker sind, wenn derselbe in konzentrierterem Zustande genossen wird. Diese Konzentration ist aber am geringsten beim Bier, am gröfsten beim Branntwein. Um einen Vergleich zu ermöglichen, stelle ich die Maxima und Minima des Alkoholgehaltes nach den zuverlässigsten Analysen zusammen:

Bier	in 1000 Teilen:	Minimum	37,7,	Maximum	82,4,
Wein	„ „	„	99,3,	„	195,5,
Branntwein	„ „	„	495,0,	„	770,0.

Den geringsten Alkoholgehalt zeigen manche Berliner Biere, einen etwas höheren die bayrischen (gegen 55 p. m.), den stärksten Porter und Ale. Es sind dies aber nur Mittelzahlen, da die einzelnen Biere einer und derselben Stadt, ja einer und derselben Brauerei unter einander sehr verschieden sind. So werden z. B. in Berlin Biere von nur 20 p. m. und andre von 76 p. m. Alkoholgehalt gebraut. Was die bayrischen Biere anlangt, so werden an Ort und Stelle viel leichtere Biere getrunken als die zum Versand bestimmten, nach denen in

[1]) Dies ist auch neuerdings durch die Beobachtungen des Herrn Siemerling im Berliner Charité-Krankenhause bestätigt worden.

Norddeutschland meist das Urteil sich bildet; abgesehen freilich von einigen, nur zeitweise getrunkenen Sorten, wie Bock u. a.

Unter den Weinen haben die Württemberger den geringsten Alkoholgehalt, nicht ganz 100 p. m., während die schwersten, Kapwein, Madeira und Portwein nahe an 200 p. m. heranreichen. Bei den Schnäpsen sind die Unterschiede im Alkoholgehalt nur gering. Rum ist unter den nicht künstlich gemischten Branntweinen der alkoholreichste.

Die gröfsere Schädlichkeit der alkoholreichen Getränke hängt zunächst von ihrer viel energischeren Wirkung auf die Verdauungsorgane ab. Während sehr geringe Alkoholdosen, in gehöriger Verdünnung genossen, die Verdauung nicht nur nicht stören, sondern durch Anregung des Appetits fördern, wird durch stärkere Schnäpse die Schleimhaut des Magens und Darmkanals stark angegriffen und die Verdauung gestört. Dabei wird aber zugleich das Gefühl des Hungers aufgehoben, so dass der Schnapstrinker das Bedürfnis zu essen weniger hat. Er täuscht sich so über den ungenügenden Ersatz seiner durch den Stoffwechsel erlittenen Verluste hinweg, aber auf Kosten seiner Leistungsfähigkeit. Anfänglich, wenn die Wirkungen des Alkohols noch geringe sind, ist dies vorübergehend, und wenn der Trinker sich wieder genügend nährt, kann er sogar fett werden. Aber nach und nach wird die Verdauung immer schlechter und allgemeine Abmagerung ist die Folge.

Der meiste Trinkbranntwein wird jetzt einfach durch Verdünnen des in den Brennereien oder in sogenannten Rektifizier-Anstalten hergestellten hochgradigen Sprits mit Wasser hergestellt. Jener Sprit enthält neben dem Äthylalkohol auch noch geringe Mengen andrer Alkoholarten (Amyl-, Propyl-, Butyl-Alkohol), welche man gewöhnlich unter dem Namen „Fuselöl“ zusammenfasst. Man kann diese Verunreinigungen bis zu einem gewissen Grade durch den Rektifikationsprozess abscheiden, aber ganz beseitigen lassen sie sich nicht. Eine dahin zielende, auf Veranlassung des jetzigen preufsischen Finanzministers in das Branntweinsteuergesetz von 1887 aufgenommene Bestimmung musste deshalb, weil unausführbar, wieder aufgehoben werden.

Man war früher der Meinung (und auch ich habe dieselbe noch in der ersten Auflage dieser Schrift vertreten), dass diese Beimengungen verschiedener Alkohole den Branntweingenuss besonders gesundheitsgefährlich machen. Diese Ansicht ist aber auf Grund neuerer Untersuchungen nicht aufrecht zu halten. Amyl- und andere Alkohole wirken physiologisch nicht wesentlich anders als reiner Äthylalkohol. Der Schnaps bleibt immer gleich schädlich, gleichgiltig ob er etwas weniger oder, wie dies bei den im Kleinbetrieb hergestellten, nicht rektifizierten Branntweinen der Fall ist, etwas mehr Fuselöl enthält. Auch die in manchen Schnäpsen vorkommenden Beimengungen, wie z. B. die im Kirsch- und Pflaumenschnaps enthaltenen geringen Mengen von Blausäure, ändern wegen ihrer Geringfügigkeit den schädlichen Charakter des Schnapses nicht wesentlich. Von den mancherlei Zusätzen, welche in den verschiedenen Likören vorkommen, ist der schon erwähnte Absinth vielleicht besonders gefährlich.

Ganz anders als Schnaps wirkt das Bier. Erstlich enthält es in der That Nährstoffe, die sogenannten Extrakte. Der Gehalt an solchen beträgt im Mittel etwa 60 p. m. und steigt in manchen Bieren bis auf 130 p. m. und darüber. Diese und die freilich nur in Spuren vorhandenen Eiweifskörper sind wirklich nahrhafte und dem Körper nützliche Stoffe. Ich habe aber schon darauf hingewiesen, dass ich ihnen keine allzugrofse Bedeutung zuschreibe, weil sie zur Ernährung des Körpers keinen wesentlichen Beitrag liefern, jedenfalls keinen, den man nicht auf andre Weise billiger und gesundheitszuträglicher erlangen könnte. 1000 Gramm Bier enthalten z. B. 60—100 Gramm an Extrakten, 1000 Gramm Weifsbrot etwa das Doppelte an diesen Stoffen und daneben noch an 90 Gramm eiweifsartige Stoffe und über 300 Gramm Stärkemehl. Die Salze des Biers, auf welche von manchen Seiten grofses Gewicht gelegt wird, kommen in ihrer Zusammensetzung den Salzen des Fleischextrakts nahe durch ihren hohen Gehalt an Kali und Phosphorsäure. Man hat daraus den belebenden, das Nervensystem anregenden Einfluss des Biers erklären wollen. Es scheint mir aber, dass die Wirkung dieser

Salze von Liebig und denen, welche ihm gefolgt sind, überschätzt worden ist. Jedenfalls wissen wir über diese günstigen Wirkungen jener Salze noch nichts bestimmtes. Wir werden daher besser thun, nicht zuviel Wert auf sie zu legen, und werden den Wert des Biers richtiger würdigen, wenn wir es nicht als Nahrungsmittel, sondern nur als Genussmittel betrachten. Denn in der That, wenn ein Mensch soviel Bier trinkt, dass die Zufuhr an Nährstoffen einen merklichen Wert erlangt, so werden die Nebenwirkungen, welche diese Menge ausübt, sich in so hohem Grade äufsern, dass die nährende Eigenschaft dagegen ganz in den Hintergrund tritt. Geniefst er aber weniger, so kommen die geringen Mengen von Nährstoffen auch nicht wesentlich in Betracht.

Das Bier ist also kein Nahrungsmittel, sondern ein Genussmittel. Es ist aber gleichzeitig auch ein Gewürz im Sinne der von uns weiter oben gegebenen Definition. Die Notwendigkeit solcher Gewürze für die zweckmäfsige Ernährung wurde dort dargethan, auch schon darauf hingewiesen, dass manche Genussmittel zugleich Gewürze sein können. Im Bier haben wir nun ein solches Mittel, das durch die glückliche Mischung seiner Bestandteile den verschiedenen Bedürfnissen des Organismus auf das beste entgegenkommt. Das Bier verdankt diese Eigenschaft, als Gewürz zu wirken, seinem Hopfengehalt. Der Zusatz von Hopfen zur Bierwürze hat den doppelten Zweck, durch Fällung der Eiweifskörper das Bier haltbarer zu machen, und durch Lösung der bittern und aromatischen Bestandteile des Hopfens dem Bier Wohlgeschmack und Aroma zu verleihen. Die bittern Stoffe gehören aber zu den besten Gewürzen im physiologischen Sinne. Sie teilen mit dem Kochsalz die Eigenschaft, dass sie die Nerven der Verdauungsorgane kräftig erregen, ohne sie abzustumpfen, wie es die scharfen Substanzen des Pfeffers, Senfs u. dergl. thun, welche der Laie gewöhnlich allein als Gewürze bezeichnet. Während diese letzteren Stoffe dem Ungewöhnten ein unerträgliches Brennen verursachen, müssen sie nach und nach in immer gröfseren Mengen genossen werden, um überhaupt noch zu wirken. Kochsalz und Bitterstoffe dagegen behalten ihre milde, nützliche Wirkung während des ganzen Lebens unverändert bei, selbst dann, wenn die unangenehme Empfindung des bittern Geschmacks durch Gewöhnung schon längst abgestumpft ist. Der Gebrauch eines solchen, leicht bittern und aromatischen Getränks, welches aufserdem noch einige gute Nährstoffe in leicht resorbierbarer Form enthält, wirkt daher in vielen Fällen aufserordentlich nützlich zur Unterstützung und Hebung des Ernährungszustandes z. B. bei schwächlichen Personen, Rekonvaleszenten u. s. w. Und auch der mäfsige Alkoholgehalt ist hier nützlich durch seine gelind erregende Wirkung. Aber auch für Gesunde, namentlich solche, welche angestrengt arbeiten müssen, ist ein Getränk von solcher Zusammensetzung, in mäfsigen Mengen genossen, nützlich.

Es herrscht nun zwar vielfach die Meinung, dieser Nutzen des Bieres werde aufgewogen durch die schlechte Beschaffenheit und die Verfälschungen der meisten Biere. Aber diese Ansichten sind sehr übertrieben. Was zunächst die Güte des Bieres anlangt, so kann man sie nicht nach dem Geschmack beurteilen, denn dieser ist individuell verschieden und hängt sehr von der Gewöhnung ab. Wer an eine bestimmte Sorte gewöhnt ist, findet ein anderes Bier abscheulich, welches wieder andern vortrefflich mundet. Und dies kann uns nicht wundern bei einem Produkt, welches so ungemein zusammengesetzt ist, und wo geringe Verschiedenheiten in der Beschaffenheit der Ingredienzien, wie sie vom Boden, auf dem sie gewachsen, und von der Behandlung, die sie erfahren haben, bedingt sind, den Geschmack wesentlich beeinflussen. Sodann hängt der Geschmack des Bieres sehr von seiner Temperatur und von der Behandlung ab, welches ihm aufserhalb der Brauerei von den Bierwirten zu teil wird, von der Art des Lagerns, des Ausschenkens u. s. w. Was aber die Verfälschungen anlangt, den Ersatz des Hopfens durch Kokkelskörner, Krähenaugen, Herbstzeitlose und was sonst von dergleichen Dingen erzählt wird, so sind diese Erzählungen wohl geeignet, dem Gläubigen ein gelindes Gruseln zu bereiten und Haarsträuben zu verursachen; das Haarweh aber, welches der Biertrinker am Morgen nach dem Genuss empfindet, kommt nicht von solchen Zusätzen, sondern nur davon, dass er des Guten zu viel gethan und in der rauchigen, tabakdunstgeschwängerten Atmosphäre zu lange gekneipt hat. Eine grofse Zahl von Verfälschungen, welche von sogenannten „Chemikern“ angegeben worden sind, existieren nur in der Einbildung dieser Leute. Andre, glücklicherweise nicht so gefährliche, kommen vor und können durch eine scharfe gesundheitspolizeiliche Überwachung so viel als möglich beseitigt werden, wenn nötig unter Heranziehung der Gesetzgebung durch Verbot der Anwendung schlechter Surrogate.

Gelangt der Alkohol aus dem Magen und Darm ins Blut, so entfalten sich auch dort die oben geschilderten Wirkungen auf den ganzen Organismus beim Branntwein in etwas andrer Weise als beim Bier. Da der Alkohol langsam resorbiert und langsam wieder ausgeschieden wird, so zirkuliert eine Zeit lang nach dem Genuss eine gewisse Alkoholmenge im Blut, deren Wirkungen sich in den oben beschriebenen Erscheinungen auf das Nervensystem und ihren Folgen, Rausch, Schlaf, Nachwehen, zeigen und daneben gehen die dauernden Veränderungen der Organe vor sich, welche bei öfterer Wiederholung des Alkoholgenusses zu den ebenfalls schon erörterten Organerkrankungen führen. Nun hängen aber auch diese Folgen von der Konzentration, in welcher der Alkohol genossen wird, ab. So ist es erklärlich, dass die eigentlichen Säuferkrankheiten nicht bei Biertrinkern, sondern nur bei Schnapstrinkern vorkommen. Hiermit soll nicht gesagt sein, dass nicht auch ein Übermafs des Biergenusses schädliche Folgen haben kann. Nichts liegt mir ferner als zu behaupten, dass der unmäfsige Genuss von Bier unschädlich sei, aber derselbe kommt erstlich seltner vor, als der von Branntwein, er betrifft nicht so allgemein ganze Volksklassen wie dies beim Schnaps der Fall ist, und seine Folgen sind nicht in demselben Grade erschreckend und für das Volkswohl verderblich. Das hat verschiedene Ursachen, von denen wir einige kurz erörtern wollen.

Der Biergenuss hat nicht in demselben Grade, wie dies beim Schnapsgenuss der Fall ist, in sich selbst einen physiologischen Grund, der zu seiner immer wiederholten Anwendung und damit zum Übermafs führt. Wer seinen Durst durch ein

Glas Bier stillt, und damit zugleich seinem Körper eine gelinde Erregung zuführt, die ihn zu neuer Arbeit tauglicher macht, hat damit ein natürliches Bedürfnis in anhaltenderer Weise befriedigt, als dies beim Schnaps der Fall ist. Nun giebt es freilich Leute genug (oder sagen wir lieber zu viel), welche es für das Zeichen höherer Kultur betrachten, auch ohne Durst zu trinken, und gerade diese Klasse weist weniger Schnaps-, mehr Biertrinker auf. Namentlich unsere Studenten zeichnen sich ja zum Teil durch die Vollendung aus, welche sie in dieser Blüte unserer Kultur erlangen. Da bleiben denn die Folgen auch nicht aus. Neben den leichteren Graden der allgemeinen Alkoholintoxikation, welche dem Kultus des Biers entspringen, sind es ganz besonders die örtlichen Wirkungen auf Magen und Darm, welche diesen Missbrauch des Biers charakterisieren. Die Verdauungsthätigkeit wird gründlich ruiniert, die sich immer wiederholenden Magen- und Darmkatarrhe werden chronisch und führen zuletzt zu jenen hypochondrischen Störungen, welche das ganze Leben hindurch andauern und welche vorzugsweise dazu beitragen, aus dem flotten Studenten jenen eigentümlichen Typus des „Staatshämorrhoidarius“ zu entwickeln, der in unserer höheren und niederen Bürokratie eine nicht gar seltene Erscheinung ist. Aufser diesen sind es nur noch manche Elemente des Bürgerstandes, bei welchen man die Folgen des allzugrofsen Biergenusses beobachten kann. Aber was wollen diese vereinzelten Opfer gegen die grofse Zahl derer sagen, welche am Schnaps zu Grunde gehen? In die Massen des Volks ist selbst in denjenigen Ländern, wo der Biergenuss am meisten heimisch ist, das Übel nicht in dem Mafse gedrungen, dass man von einer Volkskalamität sprechen könnte, wie dies beim Schnaps der Fall ist. Das Delirium tremens, die verschiedenen Formen des durch den Trunk erworbenen und des durch ihn auf die Nachkommenschaft vererbten Irrsinns, sie sind in den eigentlichen Bierländern seltne Erscheinungen, während sie in den Schnapsgegenden unzählige Opfer fordern.

Fassen wir alles zusammen, so können wir sagen, dass dem Bier eine Reihe von nützlichen Eigenschaften zukommen, welche dem Schnaps fehlen, und dass die Gefahren unmäfsigen Biergenusses gering sind gegen die des Schnapsgenusses, welcher die ihm verfallenen Opfer immer tiefer in seine gefährlichen Netze hineinzieht, bis sie nicht mehr zu entrinnen vermögen, sondern in Jammer und Elend umkommen.

8. Mittel zur Bekämpfung der Trunksucht.

Die Sozialwissenschaft ist bestrebt, zum Verständnis aller Erscheinungen des Volkslebens durchzudringen. Wo irgend eine Erscheinung in grofsem Mafsstabe auftritt, werden wir zu untersuchen haben, welche allgemeine Ursachen ihr zu Grunde liegen; und wenn es uns gelingt, diese Ursachen zu erkennen, so werden wir auch Aussicht haben, die Mittel zu ihrer Abhilfe auf ihre voraussichtliche Wirksamkeit zu prüfen und dasjenige zur Anwendung zu bringen, welches am meisten Erfolg verspricht.

Wir können uns nicht damit begnügen, das Laster der Trunksucht, wenn sein Vorhandensein oder gar seine Zunahme gegen frühere Zeiten festgestellt sein sollte, nur als einen Ausfluss der schlechten Eigenschaften in der menschlichen Natur zu verdammen oder zu beklagen. Wir überlassen es den Theologen oder Philosophen, zu untersuchen, ob der Mensch von Natur gut oder böse ist. Wir versuchen, die Erscheinungen der menschlichen Gesellschaften zu verstehen, indem wir womöglich die Art ihres Entstehens ergründen. Wir können mit dem Philosophen sagen: „Alles, was ist, ist vernünftig", wenn wir den Satz so deuten, dass es einen Grund geben muss, warum es gerade so und nicht anders geworden ist. Dieses „Geworden" ist der Schlüssel zum Verständnis. Denn nichts in der Natur ist heute so, wie es gestern war, alles ist entstanden aus dem Vorhergehenden und von diesem wie von den Bedingungen, unter denen es entstanden ist, hängt es ab, wie es geworden ist.

Aber gerade hierin liegt die grofse Schwierigkeit, welche sich der sichern wissenschaftlichen Erkenntnis entgegenstellt. Der Bedingungen, welche auf unser Gesellschaftsleben Einfluss haben, sind so viele, dass es sehr schwer wird, sie alle in ihrem wahren Wert in Rechnung zu ziehen. Darum kann sich die Wissenschaft nur allmählich vervollkommnen und nur in kleinen Schritten ihrem Ziel nähern. Wer aber um deswillen den Wert der wissenschaftlichen Untersuchung unterschätzt, wird deshalb nicht schneller und sichrer vorwärts kommen. Er gleicht dem ungeübten Bergsteiger, welcher glaubt, mit wenigen Schritten den Gipfel zu erreichen, während der Geübte, der Hindernisse sich beswusst, langsam und auf Umwegen, aber sicherer ans Ziel gelangt.

Wir wollen nicht die Frage erörtern, wie die Menschen zur Kenntnis der alkoholischen Getränke gekommen sind. Diese Entdeckung verliert sich in den Zeiten des grauen Altertums. Aber wir können untersuchen, was die Menschen jetzt, wo sie jenes „Feuerwasser“ mit allen seinen guten und schlechten Eigenschaften kennen, dazu treibt, sich desselben zu bedienen und sich seinen verderblichen Wirkungen hinzugeben, aller Warnungen zum Trotz, die durch zahllose Beispiele vor aller Augen offen daliegen.

Für einen grofsen Teil unsrer Bevölkerung ist der „Kampf ums Dasein“ ein sehr harter. Nur mit schwerer Arbeit erwerben sie die Mittel zur Stillung des Hungers, zur Befriedigung des Bedürfnisses an Kleidung, Obdach, Erwärmung. Wie kann es da wunderbar sein, dass solche Leute mit Gier nach einem Mittel greifen, welches ihnen schnell und billig verschafft, wonach sie sich sehnen, das Gefühl der Wärme und der Sättigung, die, wenn auch vorübergehende, Erleichterung der Anstrengung. Aber diese Leute sind es nicht allein, die den Schnaps aufsuchen. Auch bei vielen andern besteht ein Missverhältnis zwischen Leistungsfähigkeit und Anforderungen an dieselbe, seien sie nun rein körperliche oder geistige. Überarbeitung, Ausschweifungen aller Art, Gemütserregungen, Sorgen vermindern die Leistungsfähigkeit. So entsteht das Bedürfnis nach einem Genussmittel, welches für die gesamte Körperthätigkeit ungefähr dieselbe Rolle spielt wie die Gewürze für die Verdauung. Es würde ein vergebliches Bemühen sein, diese Genussmittel ganz beseitigen zu wollen. Die eifrigsten Predigten und die bestgeschriebenen Traktätchen der Mäfsigkeitsapostel haben sich kaum eines nennenswerthen Erfolges zu rühmen. Wir müssen das vorhandene Bedürfnis anerkennen und mit ihm rechnen.

Aber das Mittel trägt in sich den Keim zur Entstehung des Missbrauchs. Das ergiebt sich aus der Art seiner physiologischen Wirkung. Und deshalb ist es auch ganz unwahrscheinlich, dass durch Strafandrohungen etwas zu erreichen sein wird. Es fällt aufserhalb des Rahmens meiner Erörterungen, zu untersuchen, wie weit es juristisch zulässig sein kann, das durch Trunkenheit erregte öffentliche Ärgernis unter Strafe zu stellen, oder die Frage anders zu regeln, wie weit die Trunkenheit als Milderungsgrund bei der Strafabmessung zu gelten habe. Aber das muss ich betonen, dass durch derartige Mafsregeln eine Verminderung der Trunksucht nicht zu erzielen ist. Haben doch die viel strengeren Strafandrohungen früherer Zeiten nichts zu nützen vermocht. Im Gegenteil, alle Thatsachen beweisen, dass die Trunksucht bei uns viel geringer ist als in Ländern mit barbarischen Strafgesetzen und j e t z t geringer, als sie früher war. Dies ist meiner Überzeugung nach dem Umstande zuzuschreiben, dass sich die durchschnittliche Lebenshaltung der ärmeren Volksklassen (der standard of life, wie es die Engländer nennen) gehoben hat. Und wenn wirklich in den letzten Jahren wieder eine, im Vergleich zu früheren Zeiten glücklicherweise doch nur geringe Zunahme eingetreten ist, so hängt dies sicher mit dem Stillstand in jenem Fortschritt zusammen, welcher im Gefolge wirtschaftlicher Krisen nicht ausbleiben konnte und welcher — l e i d e r! — durch eine unzweckmäfsige Steuerpolitik begünstigt worden ist.

Wirkliche Abhilfe wird also nur auf zwei Wegen zu erreichen sein, entweder durch Beseitigung der Ursachen des Bedürfnisses, oder durch Darreichung eines andern Genussmittels, welches das Bedürfnis eben so gut befriedigt, aber weniger gefährlich ist.

Wir können wohl kaum hoffen, die erstgenannte Aufgabe ganz zu erfüllen, aber wir können viel thun, um ihr einigermafsen gerecht zu werden. Verbesserung der wirtschaftlichen Lage des Volkes, Erleichterung der Möglichkeit zureichender und gesunder Ernährung, guter Beheizung der Wohnungen und alle sonstigen, das Behagen des Daseins vermehrende Maſsregeln, das sind die Mittel, welche einen sichern Erfolg in Aussicht stellen. Der gutgenährte Arbeiter braucht keinen Schnaps, um sich bei schwerer Arbeit aufrecht zu halten. Es ist nicht richtig, dass dieser ihm bei seiner Arbeit einen wirklichen Vorteil gewähre; im Gegenteil, der Schnapstrinker wird hinter dem enthaltsamen, aber gutgenährten Arbeiter zurückbleiben. Das behaupte ich nicht bloſs auf Grund theoretischer Erwägungen, sondern auch gestützt auf vielfältige Beobachtungen in den verschiedensten Lebenslagen, in verschiedenen Gegenden Deutschlands und des Auslands, auf dem Lande und in groſsen und kleinen Städten. Wenn hier zu Lande die Leute mähen, so erhalten sie neben ihrem sonstigen Tagelohn eine auſserordentliche Zulage von einem Liter Bier, Brot und Wurst; und sie leisten dabei mehr als die Schnapstrinker. Im Kriege und bei Marschübungen im Frieden habe ich mich davon überzeugt, dass die Schnapstrinker unter den Soldaten auf die Dauer weniger zu leisten imstande waren als die Mäſsigen. Ich habe in allen diesen Lagen immer nur Nachteile vom Schnapsgenuss gesehen. Kräftige junge Leute, welche glaubten, zur Feldausrüstung des Soldaten gehöre nun einmal die mit Schnaps gefüllte Feldflasche, boten nach kurzer Zeit alle Zeichen einer akuten Alkoholvergiftung, und es gehörte die ganze Energie des Arztes dazu, ihnen das Thörichte ihrer Handlungsweise klar zu machen und sie noch zur rechten Zeit vom Verderben zu retten. Wer freilich einmal der chronischen Alkoholvergiftung verfallen ist, bei dem ist es etwas anderes. Ein solcher hat eben schon die normale Herrschaft über seine Muskeln verloren; er kann nur noch etwas leisten, wenn er getrunken hat und er sinkt so immer tiefer in die Umgarnung des heimtückischen Feindes, in dessen Gewalt er sich begeben hat, der von seinem Marke zehrt und nicht eher ruht, als bis er ihn zu Grunde gerichtet hat. Aber gerade weil dies die notwendige Folge des Schnapsgenusses ist, deshalb können wir nicht dringend genug vor dem Irrtum warnen, als sei der Schnaps eine Notwendigkeit. Wer dem armen Arbeiter das sagt, der ladet eine schwere Verantwortung auf sich. Er gleicht demjenigen, welcher dem Armen rät, sich an einen bösen Wucherer zu wenden, der ihn erbarmungslos aussaugen wird. Wer ein gesichertes und reichliches Auskommen hat, der darf ja wohl einmal eine aufserordentliche Ausgabe wagen, eine Anleihe auf Kosten seiner zukünftigen Einnahmen machen und darf hoffen, seine Vermögensverhältnisse durch spätere Einschränkung wieder ins Gleichgewicht zu bringen. So auch darf der reichlich Genährte durch einen mäfsigen Alkoholgenuss sich zu einer aufsergewöhnlichen Arbeitsleistung anspornen, weil er in der Lage ist, den Verlust wieder einzubringen. Aber wehe dem Armen, der sich dieses gefährlichen Mittels bedient. Er ist unrettbar verloren.

Wenn wir also der armen, arbeitenden Bevölkerung wirklich nützen wollen, so dürfen wir ihr nicht Gift statt Brot reichen. Wir müssen alles vermeiden, was sie zwingt, sich dem Schnapsgenuss zu ergeben. Wir dürfen ihr nicht die notwendigsten Lebensbedürfnisse vertheuern, wie es leider bei uns geschehen ist. Wir dürfen uns keiner Täuschung darüber hingeben, dass ein grofser Teil unsrer Bevölkerung thatsächlich an der Grenze der Möglichkeit steht, die allernotwendigsten Lebensbedürfnisse eben noch bestreiten zu können. Jede noch so kleine Verschiebung der Preisverhältnisse giebt diese dem wirklichen Mangel preis, und dieser Mangel ist der wirksamste Antrieb, sich dem Schnaps zu ergeben. Die unzureichende Ernährung reicht nicht mehr aus, die Arbeitsfähigkeit zu erhalten, und so wird zu dem künstlichen Reizmittel gegriffen. Und bald bleibt es nicht mehr bei dem seltenen Genuss, bald wandert jeder verdiente Groschen, statt zum Bäcker, in die Schenke. Bald kommt es dahin, dass die hungernde Familie vergessen wird und alles nur der nimmer zu stillenden Gier nach Alkohol geopfert wird.

Der Menschenfreund, der praktisch mit diesen Leuten zu thun hat, der Gutsherr oder Fabrikant, der viele Arbeiter beschäftigt, kann vieles thun, dem Übel zu steuern. Er gebe den Leuten Gelegenheit, sich billig und gut mit den nötigen Lebensbedürfnissen zu versorgen. Er begünstige die Gründung von Konsumvereinen, Sparkassen und andern nützlichen Einrichtungen. Er sorge für gute, gesunde, im Winter genügend erheizte Wohnungen. Er mache seinen Einfluss in Staat und Gemeinde geltend, um Fehler in der Steuergesetzgebung zu verhüten und zu beseitigen, welche dahin wirken, eine billige und gute Ernährung zu erschweren. Und er wird belohnt werden, nicht nur durch das Bewusstsein, viele seiner Mitmenschen vor dem moralischen und physischen Verderben bewahrt zu haben, sondern auch durch die erhöhte Leistungsfähigkeit seiner Arbeiter, durch die Stetigkeit und Freudigkeit, mit der sie ihm dienen, die der Arbeit tausendfältig zu gute kommen wird.

Wenn wir auf diesem Wege zwar viel erreichen aber doch nicht erwarten können, das Bedürfnis nach stark erregenden Genussmitteln ganz zu beseitigen, so bietet sich nun noch der andre Weg, dem Bedürfnis durch ebenso wirksame aber weniger gefährliche Mittel entgegenzukommen. Wenn wir auch nicht in der Lage sind, den Menschen befehlen zu können, womit und wie sie ihre Bedürfnisse befriedigen sollen, so lehrt uns doch die Erfahrung, dass sie stets dasjenige Mittel wählen, welches ihnen am bequemsten zugänglich ist und am meisten ihren wahren Bedürfnissen entspricht. Ausnahmen von dieser Regel kommen ja vor, aber sie sind zum Glück selten. Wenden wir das auf unsern Fall an, so sehen wir insbesondere, dass von den zwei hauptsächlichsten Mitteln zur Befriedigung des Bedürfnisses nach Spirituosen, Bier und Branntwein, das letztere um so reichlicher benutzt wird, je schwieriger das erstere in genügender Qualität und Menge zu erlangen ist. Es zeigt sich das ganz deutlich bei Vergleichung des Bier- und Branntweinkonsums in den einzelnen Gegenden unsres Landes. Wo das erstere billig ist, wird wenig Branntwein getrunken, und umgekehrt. Im Reichssteuergebiet (Deutsches Reich mit Ausnahme von Bayern, Württemberg, Baden und Elsass-Lothringen) wurden im Etatsjahr 1879/80 4076246 Hektoliter Spiritus zu 50 % Tralles erzeugt und es entfielen auf den Kopf der Bevölkerung 11,6 Liter Branntwein; an Bier wurde gebraut 19985000 Hektoliter oder auf den Kopf der Bevölkerung 60 Liter Bier. Dagegen kamen auf den Kopf der Bevölkerung an Bier:

In Bayern	19152000 hl	auf den Kopf	232 l,
„ Württemberg	3173000 „	„ „ „	162 „
„ Baden	1086000 „	„ „ „	70 „
„ Elsass-Lothringen .	788000 „	„ „ „	52 „

Wie man sieht, ist der Konsum an Bier in Bayern überwiegend. Bei den andern süddeutschen Ländern ist der Weinkonsum in Anschlag zu bringen. Vergleicht man aber nur Bayern mit dem Reichssteuergebiet, so ist der erheblich gröfsere Bierkonsum sehr in die Augen springend. Zwar ist die in den oben gegebenen Zahlen ausgedrückte Produktion nicht gleichbedeutend mit dem Konsum wegen des Exports. Aber dieser beträgt nur einen geringen Teil der Produktion.

Es scheint nun aber in der That, dass der Bier- und Branntweingenuss sich gegenseitig in einer Weise ergänzen, dass die Menge des genossenen Alkohols nahezu dieselbe bleibt. Es wurden im Jahre 1879/80 produziert pro Kopf der Bevölkerung:

	Bier.	Branntwein.
In Bayern	232 l	2,4 l,
„ Sachsen	105 „	9,6 „
„ Schlesien	48,7 „	15,8 „
„ Pommern	31,1 „	20,5 „
„ Westpreufsen . .	30,8 „	20,8 „
„ Posen	21,3 „	34,8 „

Rechnen wir nun das Bier im Durchschnitt zu 5 %, den Branntwein zu 50 % Alkoholgehalt, so können wir folgende Mengen von Alkohol für den Kopf der Bevölkerung in diesen Gegenden ausrechnen:

Bayern	2,4 + 23,2 = 25,6	d. i.	12,8	reiner	Alkohol,
Sachsen	9,6 + 10,5 = 20,1	„	10,0	„	„
Schlesien . . .	15,8 + 4,9 = 20,7	„	10,4	„	„
Pommern . . .	20,5 + 3,1 = 23,6	„	11,8	„	„
Westpreufsen .	20,8 + 3,1 = 23,9	„	12,0	„	„
Posen	34,8 + 2,1 = 35,9	„	18,0	„	„

Bringen wir nun in Anschlag, dass Bayern verhältnismäfsig viel Bier und die Provinz Posen viel Sprit exportiert, so können wir wohl den Schluss wagen, dass die absoluten Mengen von Alkohol, welche in diesen verschiedenen Teilen unsres Landes konsumiert werden, nicht sehr von einander abweichen. Die trotz aller Verschiedenheiten im einzelnen doch vorhandene Übereinstimmung in den klimatischen und sozialen Verhältnissen hat also zu einem ungefähr gleichen Verbrauch an diesem Genussmittel geführt. Und doch, wie verschieden ist die Wirkung! Trotz aller Nachteile, welche ein unmäſsiger Biergenuss herbeiführt, sind seine schädlichen Wirkungen höchst unschuldiger Natur im Vergleich zu den Verwüstungen, welche der Branntwein anrichtet. Hier in Erlangen, wo doch gewiss viel Bier getrunken wird, jedenfalls mehr, als nach unsrer Ansicht nötig wäre, sind doch die eigentlichen Säuferkrankheiten, das Delirium tremens, die Lebercirrhose u. s. w., fast ganz unbekannt. Nur bei schweren Erkrankungen anderer Art, welche die unmäſsigen Biertrinker gelegentlich befallen, wie Lungenentzündung u. dergl., zeigt sich der ungünstige Einfluss jenes Missbrauchs durch den schweren Verlauf und die gröſsere Sterblichkeit. Sonst aber ist der Gesundheitszustand hier ein entschieden günstigerer als in den Schnapsländern. Die nicht wegzuleugnende Schwerfälligkeit und Trägheit des Geistes, die Neigung zu Fettleibigkeit, und was sonst als Folgen übermäſsigen Biergenusses auftritt, sind doch sehr unschuldiger Art im Vergleich zu den eigentlichen Schnapskrankheiten, treten aber auch selbst hier viel seltener auf, als letztere in den Schnapsgegenden.

Ich habe schon mehrfach darauf hingewiesen, dass der Schnaps in sich den Grund zu immer steigendem Verbrauch trägt, während dies beim Bier durchaus nicht in derselben Weise der Fall ist. Wir können es also als einen groſsen Vorteil betrachten, wenn das einmal vorhandene Bedürfnis nach Alkohol mehr durch Bier als durch Schnaps befriedigt wird. Und so müssen wir es als ein Glück ansehen, dass überall da, wo das Bier leicht zugänglich und billig ist, es dem Schnaps den Raum streitig macht und siegreich aus dem Kampfe hervorgeht. *Es ist deshalb ganz richtig, wenn behauptet wird, das Bier sei einer der wichtigsten Hebel des Kulturfortschritts, indem es den barbarischen und civilisationsfeindlichen Schnaps verdränge und seine milde Wirkung an die Stelle des verderblicheren und gefährlicheren setze.* Wo kein Wein wächst, der billig genug ist, um Volksgetränk zu werden, da haben wir alle Ursache, den Bierkonsum zu begünstigen, um den Schnaps zu bekämpfen.

Und die Thatsachen sprechen laut und deutlich genug, um die Wahrheit dieser Sätze zu beweisen. Man sehe nur offen und ehrlich um sich und man wird zugestehen müssen, dass es in der Zeit von 1840—1870 in vielen Gegenden unseres Vaterlandes mit der Gesittung, dem Wohlstand und der Volksgesundheit besser geworden ist in dem Maſse, als der Biergenuss gestiegen und der Branntweingenuss abgenommen hat. Als ich in den fünfziger Jahren nach Berlin kam, war die Zahl der Betrunkenen auf den Straſsen noch eine recht erhebliche, nahm dann aber zusehends ab. Ähnlich war es in kleineren Städten und auf dem Lande, besonders auch im Osten unseres Vaterlandes, wo der Schnapskonsum zwar auch heute noch gröſser ist, als in den übrigen Provinzen, aber doch viel kleiner als er noch vor 30 und 40 Jahren war. Mit zunehmender Gesittung wendet sich die groſse Masse des Volks mehr und mehr vom Schnaps ab und dem Bier zu.

Diese wünschenswerte Richtung sollten wir nun auf alle Weise fördern, aber nicht stören. Zwar mit Reden, und kämen sie aus noch so gewichtigem Munde, wird hier wenig geleistet. Es trinkt niemand mehr Schnaps, weil ihm dieser als heilsam und nützlich angepriesen worden ist, sondern weil das Bedürfnis danach sich geltend macht. Anders aber ist es mit Maſsregeln, welche die Befriedigung gefühlter Bedürfnisse erschweren. Wie die Verteuerung der notwendigsten Lebensbedürfnisse den Genuss von Schnaps vermehrt, haben wir schon gesehen. In ähnlicher Weise treibt eine Verschiebung der Preisdifferenz zwischen Bier und Branntwein viele Menschen dazu, nach dem letzteren zu greifen. Wir dürfen eben niemals vergessen, dass die meisten, um deren Wohl und Wehe es sich hier handelt, in ihrem Unterhalt an der Grenze einer bestimmten Leistungsfähigkeit stehen. Auf die Schicht derer, welche überhaupt nicht ihren Lebensunterhalt verdienen und der Armenpflege anheimfallen, folgt die sehr ehrenwerte und unserer Mithilfe würdigste Klasse derer, welche sich mühsam knapp durchs Leben schlagen; dann kommen solche, die schon etwas mehr verdienen und in der Wahl der Mittel zur Befriedigung ihrer Bedürfnisse einen gewissen, wenn auch geringen Spielraum haben. Das

Leben aller dieser ist der Einwirkung äufserer Einflüsse in viel höherem Grade ausgesetzt, als das der besser gestellten, wohlhabenderen Bevölkerung. Jede kleine Veränderung der Lebensmittelpreise schiebt sie hinauf oder hinunter; eine Missernte, eine neue Steuer bringt Tausende aus der einen Abteilung in die nächst tiefere. Und nun denke man sich, das Bier werde weniger zugänglich, sei es, dass es teurer wird, oder das weniger gebraut wird, weil der Betrieb einzelner Brauereien als nicht mehr lohnend eingestellt worden ist; oder man nehme an, das Bier, welches sie bekommen, sei weniger gehaltvoll, als es bisher gewesen, so dass es ihren Bedürfnissen nicht mehr vollkommen genügt — was wird die notwendige Folge davon sein? Ein sehr grofser Teil der Bevölkerung wird dem Bier entfremdet und ergiebt sich dem Schnapsgenuss.

Diese von mir aus den wissenschaftlich festgestellten Grundsätzen gezogenen Folgerungen, denen sich seitdem auch andere Schriftsteller angeschlossen haben, werden durch die Erfahrung vollkommen bestätigt. Während seit dem Erscheinen der ersten Auflage dieser Schrift die Brausteuer im norddeutschen Brausteuergebiet unverändert geblieben, die Branntweinbesteuerung dagegen eine bedeutende Erhöhung erfahren hat, trat in Bayern kurz vor jener Periode im Jahre 1880 eine Erhöhung der Brausteuer von 4 auf 6 Mk. für den Hektoliter Malz ein. Seitdem hat sich die Zahl der Brauereien vermindert, indem eine Anzahl kleinerer Betriebe eingingen. Gleichzeitig hat die Erzeugung von Bier nur sehr wenig, der Schnapskonsum dagegen erheblich zugenommen. Es wurden nämlich im Königreich Bayern produziert pro Kopf der Bevölkerung.

	Bier.	Branntwein.
1879/80	241,6 l	2,4 l
1890/91	257,7 „	2,8 „

Die Zunahme beträgt beim Bier $6^{2}/_{3}$ %, beim Branntwein dagegen $16^{2}/_{3}$ %. Die vermehrte Bierproduktion ist aber nicht, oder doch nur zu einem Teil als eine Zunahme des Verbrauchs zu deuten, denn die Ausfuhr von Bier ist gerade in diesem Zeitraum erheblich gestiegen. Dagegen ist die Ausfuhr von Branntwein aus Bayern ganz unbedeutend, so dass die Zunahme der Produktion als gleichbedeutend mit einer Zunahme der Konsumtion angesehen werden darf. Über den wirklichen Bierverbrauch in Bayern, d. h. Produktion plus Einfuhr, minus Ausfuhr stehen mir augenblicklich nur die Zahlen für die Jahre 1889/90, 1890/91 und 1891/92 zur Verfügung. Danach betrug der Verbrauch:

	1889/90	1890/91	1891/92
pro Kopf	222,1	221,2	219,4.

Diese drei Jahre zeigen also eine stetige Abnahme, und dieser Abnahme in dem klassischen Lande des Biers steht eine allerdings nicht sehr grofse Zunahme des Branntweinverbrauchs gegenüber Danach kann wohl kein Zweifel aufkommen, dass auch im norddeutschen Brausteuergebiet, falls dort, wie es beabsichtigt wird, eine Verdoppelung der Brausteuer eingeführt würde, eine Zunahme des Schnapsverbrauches eintreten würde. Das würde um so bedauerlicher sein, als in diesem Gebiete (wohl zum Teil infolge der namhaften Erhöhung der Branntweinsteuer i. J. 1887) der Branntweinkonsum wahrscheinlich abgenommen hat. Die Produktion sank von 1879/80 bis 1890/91 von 12,6 auf 7,9 Liter pro Kopf der Bevölkerung, d. h. um mehr als 37 %. Diese Abnahme ist freilich nicht gleichbedeutend mit einer Abnahme des Konsums, weil auch die Ausfuhr abgenommen hat. Eine genaue Berechnung ist unmöglich, weil die Zahlen über die Spiritusproduktion vor dem Jahre 1887 (wo die Besteuerung nach dem Maischraum erfolgte) ungenau sind.

Es ist selbstverständlich, dass auch andere Umstände in derselben Richtung wirken können. Wenn es wahr ist, dass die Trunksucht in der Zeit von 1870—1880 bei uns zugenommen hat, so trägt einen grofsen Teil der Schuld daran der Krieg. Der Krieg macht manchen zum Trinker, der es vorher nicht gewesen, geradeso wie er dazu beiträgt, den Anteil Roheit, welcher in jeder Menschennatur steckt, das Stück Bestie im Menschen, an die Oberfläche zu bringen. Dieser verderbliche Einfluss eines langen Krieges ist mindestens ebenso merkbar, als die Erweckung der edelsten Eigenschaften des Geistes, welche ihm zugeschrieben worden ist. Und dazu kann selbst die beste Disziplin nichts thun, es liegt eben in der Natur der Sache.

Aber etwas kann die Disziplin thun, wenn sie in Friedenszeiten ihren gewaltigen Einfluss auf den Soldaten benutzt, um ihn daran zu gewöhnen, sich bei anstrengenden Märschen u. dergl. nicht gleich an die Schnapsflasche zu wenden. Hier ist ein wichtiges Feld für die heilsame Einwirkung von Militärärzten und Offizieren, welche dabei zusammenwirken müssen. Bei dem grofsen Einfluss, den bei uns die Militärjahre auf einen grofsen Teil der Bevölkerung haben, ist diese Wirksamkeit von der weittragendsten Bedeutung.

Es fällt mir natürlich nicht ein, das Bier als das alleinseligmachende Mittel gegen den Schnaps anpreisen zu wollen. Selbstverständlich giebt es Lagen, wo auch das Bier den Zweck nicht erfüllen kann, von welchem hier die Rede ist. Wer im nassen Graben auf Vorposten liegt oder bei strömendem Regen marschieren oder hart arbeiten muss, hat gewiss keine Lust, sich an kaltem Bier zu erlaben. Und wer in Hitze und Staub auf der Landstrafse marschiert oder im Sonnenbrand eine Wiese mäht, dem thut ein Trunk frischen Bieres wohl gut, könnte ihm aber vielleicht später eine kleine Unannehmlichkeit zuziehen. Das eigentlich hygienisch richtige ist, in den letzteren Lagen gar nichts zu trinken oder höchstens, wenn der Durst zu arg wird, ihn mit kleinen Mengen klaren Wassers oder noch besser, starken kalten Kaffees zu stillen. Daran sollten wir die Leute alle gewöhnen, und sie würden dabei gesunder und leistungsfähiger bleiben. In den Ruhepausen der Arbeit, beim Mittag- und Abendessen, mögen sie dann geringe Mengen eines guten kräftigen Bieres geniefsen, dann werden sie gesund und arbeitsfähig bleiben und, wenn sie nur eine ausreichende Kost haben, mehr leisten als die Schnapstrinker. Ein solches Bier braucht auch gar nicht sehr alkoholreich zu sein. In vielen Teilen unseres Landes werden leichte, aber doch kräftige, d. h. extraktreiche Biere gebraut, deren hoher Kohlensäuregehalt sie sehr erfrischend macht, deren Gehalt an Bitterstoffen und Aroma belebend wirkt, und die nicht mehr als $2\frac{1}{2}$—3 % Alkohol enthalten. Man denke nicht immer gleich an Bock und Salvator, wenn man vom Biergenuss der arbeitenden Klassen redet. Solche Biere kommen ja selten oder niemals in den Mund der meisten von ihnen. Man befördere die Verbreitung jener leichten und doch kräftigen Biere. Aber diese sind freilich weniger haltbar und vertragen, auch schon wegen der dadurch bedingten ganz unverhältnismässigen Verteuerung, keinen weiten Transport. Es ist daher als ein grofser Schaden anzusehen, wenn infolge von Steuermafsregeln die Zahl der kleineren, über das Land zerstreuten Brauereien abnimmt, wie dies thatsächlich in Bayern geschehen ist. Denn gerade diese liefern für den kleinen Mann und den Arbeiter auf dem Lande das nützliche Getränk.

Neben dem Bier sind es ferner die anderen Genussmittel, welche dem Übermafs des Branntweingenusses entgegenarbeiten — Kaffee, Thee und Kakao. Kaffee ist bei uns ein weitverbreitetes Volksgetränk, wenn auch nur in den billigeren Sorten und vielfach mit Surrogaten versetzt. Waschfrauen und andere Personen, welche häufig mehr und angestrengter arbeiten, als die Männer, die nach Feierabend mit der Pfeife im Hause oder in der Kneipe herumlungern, leben so zu sagen fast nur von Kaffee. Thee dagegen und Kakao gelten bei uns als Luxusgetränke der Wohlhabenden, aber mit Unrecht. Denn eine Tasse Thee nimmt es an Wirksamkeit als belebendes und stärkendes Genussmittel, namentlich in der Kälte, mit einem Glase Schnaps auf und kostet nicht mehr als dieses. Und dass auch Kakao sich zum Volksgetränk eignet, davon habe ich mich in England überzeugt, wo man in den meisten Städten für einen Penny eine grofse Tasse voll bekommt und wo die betreffenden Lokale von den arbeitenden Klassen sehr viel besucht werden. Man sollte diesen Getränken mehr Verbreitung in Volkskreisen verschaffen, wozu Gutsbesitzer, Arbeitsunternehmer, Bauherren und die Truppenkommandanten viel beitragen können, wenn sie dafür sorgen, dass ihren Leuten bei den Marketendereien guter Kaffee zu mäfsigen Preisen geboten wird, und wenn sie womöglich das Feilhalten von Schnaps in diesen ganz unterdrücken. Wo die Gelegenheit dazu geboten wird, da machen auch bei uns die Arbeiter gern davon Gebrauch. In meiner Heimat Bromberg, wo früher recht erhebliche Mengen Schnaps getrunken wurden, kam irgend jemand etwa im Anfang der fünfziger Jahre auf den Gedanken, heifsen Kaffee auf offenem Markt feilzubieten, und dieser fand bei Arbeitern und Marktbauern guten Absatz und that dem Schnaps mit sichtbarem Erfolg Abbruch. Die Anlage von Volkskaffeehäusern, in denen Kaffee, Thee, Kakao und Chokolade mit Ausschluss aller geistigen Getränke zu billigen Preisen feilgeboten werden, halte ich deshalb für eine der segensreichsten hygienischen Mafsregeln und wünsche, dass die schwachen Anfänge derselben bald einer lebhafteren Entwickelung Platz machen mögen. Die Einrichtungen der „Lockharts Cocoa rooms" in England könnten für ähnliche Gründungen bei uns als Muster dienen.

In meinem Hause ist es seit Jahren eingeführt, während der kalten Jahreszeit Briefträgern, Boten und dergleichen, eine Tasse heifsen Thees anzubieten. Der Theekessel steht zu diesem Zweck den ganzen Tag bereit. Das kostet mich sehr wenig, wird von allen stets mit grofsem Dank angenommen, und wenn es auch nur in einzelnen Fällen bewirkt hat, dass ein Schnaps ungetrunken geblieben ist, dann glaube ich sicher damit ein gutes Werk gethan zu haben. Ich habe als Militärarzt im französischen Feldzuge mich bemüht, den Truppenkommandanten die Notwendigkeit, den Leuten statt Branntwein Thee oder Kaffee zugänglich zu machen, darzulegen. Damals stiefs ich auf Widerspruch; heute sind die erfahrendsten Militärhygieniker derselben Ansicht. Die früher in unserer Armee übliche Branntweinration ist deshalb auch jetzt abgeschafft und durch eine Kaffeeration ersetzt worden — ein Beweis, dass in den mafsgebenden militärischen Kreisen der Branntwein nicht mehr als nützlich, geschweige denn als notwendig angesehen wird. Selbst bei grofser Hitze wirkt Kaffee nachhaltiger anregend und zu ausdauernder Anstrengung befähigend als Branntwein. Das in ihm enthaltene Alkoloid wirkt erregend auf das Nervensystem, milder, aber nachhaltiger als Alkohol, und es erfolgt auf die Erregung keine Erschlaffung wie bei diesem. Von der Wirksamkeit des Kaffees bei grofsen Anstrengungen erzählt Werner von Siemens in seinen soeben erschienenen „Lebenserinnerungen" ein schönes Beispiel.*)

*) In dem Augenblicke, wo ich dieses schreibe, trifft mich die Nachricht von dem Ableben des grofsen Mannes. In ihm hat nicht nur die Menschheit einen hervorragenden Gelehrten und genialen Techniker, sondern auch Deutschland einen seiner edelsten Bürger und alle diejenigen, welche ihn kannten, einen der liebenswürdigsten Menschen zu betrauern.

Kaffee bewirkt eine mäfsige, lange anhaltende Schweifsabsonderung, welche in der Hitze sehr zur Abkühlung des Körpers beiträgt. In strenger Kälte oder bei Nässe aber ist nichts so geeignet, die Lebensgeister wieder aufzufrischen als heifser Kaffee oder Thee. Ebenso belebend wirken Kakao und die aus ihm bereitete Schokolade, welche aufserdem auch noch erhebliche Mengen wirklicher Nahrungsstoffe enthalten.

9. Schluss.

Fassen wir alles zusammen, was in den vorhergehenden Abschnitten in möglichst gedrängter Form als das Ergebnis wissenschaftlicher Forschungen und praktischer Erfahrungen festgestellt wurde, so ergeben sich folgende Sätze.

1) Der Mensch bedarf zu seiner Ernährung einer gewissen Menge von Nährstoffen in bestimmten Gewichtsverhältnissen.

2) Daneben muss er, zur Verdauung dieser Nährstoffe und zur Anregung des Nervensystems, noch andre Stoffe aufnehmen, welche an sich zwar nicht nahrhaft sind, aber die Ernährung unterstützen und unter Umständen die Leistung gröfserer Arbeit erleichtern.

3) Solche Gewürze und Genufsmittel können, in mäfsigen Mengen genossen, nützlich oder notwendig sein, aber nur unter der Voraussetzung einer gleichzeitigen vollkommnen Befriedigung des Nahrungsbedürfnisses durch wirklich nahrhafte Kost.

4) Das verbreitetste Genussmittel dieser Art, der Alkohol, wirkt nur in ganz kleinen Portionen und auch so nur vorübergehend im eben bezeichneten Sinne nützlich. Bei gröfseren Dosen und bei wiederholtem Genuss bleibt die günstige Wirkung aus.

5) Der gewohnheitsmäfsige Genuss von Alkohol ist von den schlimmsten Folgen für die Gesundheit begleitet, ganz abgesehen von dem moralischen und wirtschaftlichen Schaden, den er nach sich zieht.

6) Diese schädlichen Folgen sind beim Schnaps viel erheblicher als beim Bier. Der Schnapsgenuss hat vermöge seiner

physiologischen Eigenschaften von selbst die Folge einer stetigen Steigerung, was beim Biergenuss nicht der Fall ist.

7) Das Bier enthält nahrhafte Stoffe, doch sind diese zu gering, ihm einen merklichen Wert als Nahrungsmittel zu verleihen. Dagegen ist es ein nützliches Gewürz und Genussmittel und sein nicht übertriebener Gebrauch in vielen Beziehungen zu empfehlen.

8) Der Missbrauch des Alkohols wird veranlasst durch das in unsren sozialen und wirtschaftlichen Verhältnissen begründete Bedürfnis nach Genussmitteln, hauptsächlich durch die ungenügende Ernährung eines grofsen Teils unsrer Bevölkerung.

9) Die Bekämpfung der Trunksucht muss in erster Linie geschehen durch Hebung der wirtschaftlichen Lage der untern Volksklassen. Alles, was die Ernährung erschwert, Steuern auf notwendige Lebensbedürfnisse wie Brot, Fleisch, Beleuchtungsmittel u. s. w. treibt eine grosse Zahl von Menschen zum Alkoholgenuss und befördert damit seinen Missbrauch.

10) So lange es nicht möglich ist, das Bedürfnis nach Alkohol ganz zu beseitigen, ist es im Interesse des Volkswohls durchaus nötig, den Biergenuss zu begünstigen, welcher überall, wo das Bier leicht zugänglich ist, dem Schnaps erfolgreich Feld abgewinnt.

11) Namentlich der Genuss billigen, nicht zu alkoholreichen Bieres, wie es nur von kleineren, überall zerstreuten Brauereien in genügender Menge geliefert werden kann, ist zu begünstigen. Wird solchen kleineren Gewerbebetrieben durch Verschärfung der Steuern die Möglichkeit, mit Nutzen zu arbeiten, verkümmert, so leidet am meisten der kleine Mann und der Schnapskonsum nimmt gerade in diesen Kreisen am meisten zu.

12) Auch die Begünstigung der nicht alkoholischen Genussmittel verspricht der Trunksucht mit Erfolg entgegenzuarbeiten. Kaffee, Thee und Kakao sind in ihrer Bedeutung als Volksgetränke noch nicht genügend gewürdigt und verdienen als mächtigste Gegenmittel gegen die Verbreitung der Alkoholika auf alle Weise unterstützt und befördert zu werden.